自己心理学セミナー

自己理解に役立つ13章

金築智美
編著

keiso shobo

はしがき

　本書は，理工系大学に所属する大学生を対象とした「自己心理学セミナー」と題する教養科目の講義内容をヒントに執筆されたテキストです。これまでも心理学の入門書とされる本は，数多く出版されてはいますが，それでも心理学の素養を全く持たない若い人たちにとっては，やや難解な内容が多かったように思います。しかし，だからといって心理学を必ずしも専門としていない大学生が，人の心理に興味・関心がないかというと，決してそのようなことはないと感じています。むしろ，「人の心理について理解したい」「自分のことをもっと知りたい」と思ってはいても，学ぶ術が分からないといった多くの声を聞いてきました。青年期の発達課題である「これこそが本当の自分だという実感」であるアイデンティティを確立させていく時期に生きる大学生が，心理学を専攻しているかどうかに関わらず，自身の心理に関心を持つことは自然なことだといえます。したがって，本書は「自己」にまつわるテーマを中心に，心理学の理論的知見を踏まえつつ，自身の日常生活に役立てられる方法を学べる流れになるように工夫されています。具体的には，「Ⅰ．自己の探求」，「Ⅱ．自己と適応」，「Ⅲ．自己を支えるリソースを育む」といった3部構成になっています。また，心理学を専門としない若い人たちでも読み進めやすく，できる限り分かりやすい記述にしている点も特徴です。

　以上のようなテキストを構成するにあたり，日頃から青年期にある若い人たちを臨床心理学的見地から教育・援助活動をされている執筆者の方々には，本書の主旨を十分に理解していただき，快くご協力いただきました。また，勁草書房の永田悠一氏には，本書の執筆の機会を与えていただき，鋭い視点で若い人たちにも読みやすい内容になるよう励ましていただきました。皆さまには，心より感謝致します。大学生といった若者世代をはじめ，自己に悩める人々にとって，有益な視点をもたらす一書になることを願っています。

金築智美

目 次

はしがき

第Ⅰ部　自己の探求

第1章　自己とは何か：自己概念 ……………………………………… 前田綾子　3
　1. 自己とは何か　3
　2. 自己概念　4
　3. セルフスキーマ　4
　4. 自己概念・セルフスキーマの機能　5
　5. 自己概念の形成と他者との関わり　6
　6. 自己概念と体験　7

第2章　自己の適切な評価とは：自己評価・自尊感情 ………… 前田綾子　13
　1. 自己評価　13
　2. 自己評価維持モデル　14
　3. 自尊感情　17

第3章　自己とパーソナリティ ……………………………………… 廣田靖子　27
　1. パーソナリティ（性格）とは　27
　2. 自分のパーソナリティを知ろう：エゴグラム　28
　3. パーソナリティの捉え方：パーソナリティ理論　36
　4. パーソナリティはどう決まる？：パーソナリティ発達に関連する
　　 要因　41

第4章 ライフサイクルから捉える自己：今までの自己，未来の自己，キャリアを考える ……………………………………廣田靖子 43

　1. ライフサイクルと生涯発達　43

　2. 生涯発達における発達理論　46

　3. キャリアについて　51

第Ⅱ部　自己と適応

第5章 ストレスと心の病：ストレス理論，ストレスコーピング，ストレスに関連する心の病 ……………………矢澤美香子 61

　1. ストレスとは　61

　2. ストレスコーピング　67

　3. ストレスに関連する心の病　70

第6章 不安 ………………………………………………金築　優 77

　1. 不安とは　77

　2. 様々な不安症　78

　3. 不安に関する研究の変遷　80

　4. さいごに　86

第7章 抑うつ ……………………………………………金築　優 87

　1. 抑うつとは　87

　2. 抑うつの生物学的側面　88

　3. 抑うつの心理学的側面　90

　4. 抑うつの社会学的側面　94

　5. さいごに　95

目　次　　　　　　　　　　　　　　　　v

第8章　眠りと心身の健康 ·· 金築智美　97

　1．眠りと生理的反応　*97*

　2．眠りにみられる異常　*100*

　3．睡眠を調えていくために　*104*

第Ⅲ部　自己を支えるリソースを育む

第9章　コミュニケーションスキルを学ぶ ························· 林　潤一郎　115

　1．コミュニケーションについて学ぶ意義　*115*

　2．コミュニケーションとは　*116*

　3．よい聴き手になるための前提となる心構え　*117*

　4．コミュニケーションスキルのレパートリー　*119*

　5．さいごに　*125*

第10章　考え方の癖を知る：認知行動療法 ····················· 金築智美　127

　1．悩みが生じるのには理由がある⁉　*127*

　2．認知行動療法とは　*127*

　3．認知行動療法における3つの認知的アプローチ　*129*

　4．認知行動療法の新しい流れ：マインドフルネス　*136*

第11章　心を筆記する ·· 金築智美　141

　1．心の扉を開く：自己開示とは　*141*

　2．自己開示が対人関係に果たす役割　*141*

　3．自己開示と心身の健康　*144*

　4．心を筆記する方法：筆記開示法，ロールレタリング　*145*

第12章　アサーション力を高める ······························ 矢澤美香子　155

　1．アサーションとは　*155*

　2．問題解決のステップ　*160*

3. 問題解決にアサーションを活かす　163

第13章　リラクセーションスキルを獲得する：呼吸法，漸進的筋弛緩法
·················· 林　潤一郎　165

1. リラクセーションを学ぶ意義　165
2. ストレス反応としての緊張（覚醒）とリラクセーションの関係　166
3. リラクセーションスキルの代表例とそれぞれの着眼点　167
4. 呼吸法　171
5. 漸進的筋弛緩法　173
6. さいごに　175

引用文献　179
索　引　189

目 次　　　vii

■ ワーク

1	Who am I テスト：自己概念を知るワーク	8
2	自尊感情チェックリストで自分の自尊感情を確かめてみよう	22
3	エゴグラム項目と折れ線グラフ	29
4	ライフライン分析に取り組んでみよう	44
5	好きな役割	51
6	自分のストレスコーピングの傾向を知ってみよう	72
7	自分の睡眠状態を振り返ろう	108
8	相手の話を聴く練習	124
9	自己陳述を作成してみよう	135
10	マインドフルネスな状態を体感してみよう	137
11	ロールレタリングに取り組んでみよう	151
12	アサーションスキルを練習しよう：不合理なお願いを断るためのアサーション	158
13	みんなで問題を解決しよう	163
14	呼吸法	172
15	漸進的筋弛緩法	174

■ コラム

1	自己愛：自分が好きなのは悪いこと？	前田綾子	24
2	血液型とパーソナリティ	金築智美	56
3	怒りとうまくつき合うために	金築智美	75
4	先延ばし	林　潤一郎	110
5	セルフ・コンパッション	金築　優	138
6	食とコミュニケーション	矢澤美香子	176

第Ⅰ部

自己の探求

　皆さんは，自分自身のことをどの程度理解しているでしょうか。私という「自己」のもつ様々な側面について，学び・探求していくことが，これまで知らなかった自己を発見したり，気づきを得たりすることにつながります。第Ⅰ部では，自己概念，自己評価，自尊感情，パーソナリティ，そしてライフサイクルといった心理学的な視点から，多面的な存在である人について考えます。そのような視点を学ぶことが，ひいては私という「自己」を深く理解していくことにつながるといえるでしょう。

| 第1章 | 自己とは何か：自己概念 |

1. 自己とは何か

　皆さんは，自分はどういう人だと思っていますか。自分はこういう人であるというように，それぞれの皆さんが自分についての何らかのイメージや考えを持っているのではないかと思います。本章では，皆さんが自分をどういう自分だと思っているかということについて考えていきます。

　この章のはじめに，まずワーク1（p.8）をやってみても良いかもしれません。

(1) 主体的自己，客体的自己

　一般的に使う「自分」という言葉は，心理学では「自己 self」と言います。自己については様々な心理学者の考え方がありますが，大きく言えば他の人とは違う一人の存在としての，その人自身のことを指します。心理学の草創期にあたる19世紀末，アメリカの心理学者ジェームズ（James, 1890）は自己を，**主体としての自己**と**客体としての自己**という二つの側面に分けました。自己を「知る主体としての自己（I）」と「知られる客体としての自己（me）」に分けたのです。たとえば皆さんは今，この本を読んで自分について知ろうとしていますが，自分が自分について知ろうとしている時の自分は，"自分について知ろうとしている主体としての自分"と，"知る対象である客体としての自分"とに分けられます。

　ジェームズによれば，知られる客体としての自己には，物質的自己，社会的自己，精神的自己の3つの構成要素があるということです。物質的自己とは，身体，衣服，家族，家や財産などのことです。また社会的自己とは，関わりを

持った他者が受ける認識のことで，人から見た自分ということになります。精神的自己とは，本人の意識状態，心的能力，心的傾向等のことをいいます。

2. 自己概念

「自分とはどんな人だろう」と考えた時に浮かんでくる様々な自分，これを**自己概念**といいます。自分が自分について抱いている考えのまとまりのことです。

私たちは日々の生活の中で様々なことを経験します。その中から自分についての様々な知識を積み上げていき，そうして自分についての知識をまとめて体系化していきます。自己概念は「知られる客体としての自己」を体系化したものといえます。

たとえば，数学の成績が良いという経験が続いたら，自分は数学が得意だというように自分についての考えをまとめていきますし，忘れ物をするという経験を重ねれば，自分は忘れっぽいというように自分についての考えをまとめはじめるのです。このように経験の中から自分についての知識を一般化していき，それが自己概念となります。つまり，自己概念とは，自分はこうであるという自分に対する意識的な捉え方のことであり，自分自身はどういう人間であるかについて，自分が抱いている考えということです。

3. セルフスキーマ

自己概念に認知的アプローチを取り入れた概念として，セルフスキーマというものがあります。

私たちは体験や知識を一般化し，体系化することで物事の理解や判断を楽にしています。そういった体験や知識を一般化したものを，スキーマと言います。そして自己についての体験や知識を一般化し，体系化したものをセルフスキーマといいます。

マーカス（Markus, 1977）によると，セルフスキーマとは「過去の経験から導きだされた，自己に関する認知的概括であり，個人の社会的経験に含まれ

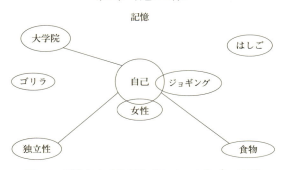

図1-1 記憶の中での自己 (Markus & Smith, 1981)

る,自己に関連した情報の処理を体系化し,導くもの」です。

セルフスキーマの理論によれば,私たちが経験したことの記憶は,自己を中心にして自己にとって重要なものとそうでないものとに別れ,関連の強いものと強くないものというように,まとまりを作っていくといいます。図1-1で線がつながっているものは自分に関連の強いものを表し,特に自己と関連が強いものは楕円の重なりとして表されています。この重なった部分はセルフスキーマとして形成されていきます(図1-1参照)。

4. 自己概念・セルフスキーマの機能

(1) 自己概念は個人の行動を規定する

自己概念は,私たちの行動や判断に影響を与えます。いわば私たちの行動の内的準拠枠になっています。たとえば,皆さんは今,この本を読んで心理学について学んでいるわけですが,「自分は自分について考えるのが好きだからこの本を読んでみよう」と考えた人がいるかもしれません。この場合は,「自分について考えるのが好き」という自己概念がこの本を読むという行動を選択させたということになります。

また,それは状況の解釈や判断にも影響を与えます。たとえば,人には嫌われやすいという自己概念を持っている人と,人には好かれやすいという自己概念を持った人とでは,他の人の行動の意味をどう解釈するかが違ってきます。

(2) セルフスキーマは情報処理に影響する

　セルフスキーマは，情報処理に影響を与えます。私たちは自分の持っているセルフスキーマに関連するもの，合致するものほど注目しやすく，記憶にもとどまりやすいということがあります。マーカス（Markus, 1977）はこれについて実証的な実験を行っています。それによると，あるスキーマを持っている人は自分に当てはまるものとしてそのスキーマに合致した語をより多く選択しました。さらにそのスキーマに合致した語には，合致しない語に比べて，より速く反応したというのです。つまり，自分が持っている自己概念に合致した情報は受け取りやすいため，さらに自己概念を強める結果になるというのです。

(3) 自己概念と客観的事実が合致してくる

　思い込みや誤解などにより，自己概念は時に客観的事実に合っていないこともあります。そうした自己概念でも，自己概念に基づいた行動を選択し，自己概念に合致した情報をより多く選択しているうちに，結果的に客観的事実が自己概念と合致してくることがあります。実際にはそうでなくとも，「自分はかっこ悪い」という自己概念を持っていると，その自己概念に合うような行動を選択しやすくなったり，自己概念に合致した情報を取得しやすくなったりして，いつの間にかかっこ悪くなってくるというわけです。

5. 自己概念の形成と他者との関わり

　自己概念は自分についての経験を概念化して形成されていくのですが，その過程では，他者との関わりも大きく影響します。自分の行動の仕方や特徴と，他者のそれとを比較するということで，自分の特徴として概念化しやすくなるわけです。

　さらに，自分ではまったく気づいていなかったけれど，自分の特徴を親や友達から指摘されて気付くということもあるかと思います。また，子どものころから親に言われてきたことがそのまま自己概念として定着している人もいるでしょう。このように他者からの指摘でも自己概念は成り立っていきます。

第1章 自己とは何か　　　　7

　他者の目にはこう映っているだろうと自分が想定する自己を**鏡映自己**といいます（Cooley, 1902）。人から指摘されて，この人には自分はこう見えているのだという鏡映自己も，自分の自己概念として形成されていきます。

　自己概念は，経験から自己の感じ方や行動の仕方を対象化し，それを他者と比較することで概念として形成されますが，他者からの評価や他者が自分をどう見るかということからも形成されます。

6.　自己概念と体験

　自己概念と矛盾する体験をした場合，皆さんだったらどうしますか。たとえば「自分はコミュニケーションは得意だ」という自己概念を持っている人が，人間関係でうまくいかないことを経験したというような場合です。事実を受け止めず，そんなことはないと事実を否認しますか。それともコミュニケーションは得意だと思っていたけれど，そうでもなかったというように自己概念を微調整しますか。

　通常，自己概念はある程度安定したものではありますが，体験に合わせて微調整され，流動的なものです。ところが自分はこうあらねばならないとか，こうでなければならないなどの思いが強く，ある特定の自己概念にこだわりを持ちすぎると，その自己概念に合わない体験が受け入れられなくなり，事実を否認し，自己概念を歪曲して捉えます。

　ロジャーズ（Rogers, 1951）は，自己概念と体験の関係について以下のように説明しています（図1-2参照）。

　図1-2の破線は，日々刻々と変化する個人内の感情や感覚であり，これは個人の体験全体を表しています。対して実線は個人が持っている自己概念です。体験と自己概念の一致度が高ければ，体験を十分に意識化しています。自己概念と体験に矛盾があった時は，自己概念を微調整し，自己概念と体験の一致度を高めます。ロジャーズによれば，この状態は精神的に適応した状態です（図1-2の適応の状態）。

　一方，体験と自己概念の一致度が低い場合は，体験を否認し，自己概念を歪曲していきます（図1-2の不適応の状態）。体験を十分に意識化していなかった

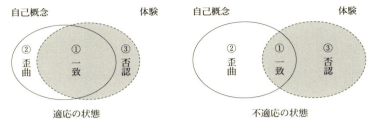

図1-2　**自己概念と体験**（Rogers, 1951）

り，歪曲した自己概念を持っていることは，ロジャーズによると精神的な不適応を招きます。

ワーク1　Who am I テスト：自己概念を知るワーク

それでは自己概念を知るワークに取り組んでみましょう。「私は」と「です。」の間に，自分はどんな人かと考えて思いつくことを入れて，20個の文章を作ってみましょう。どんなものでも自分について思いつくことを自由に入れてみましょう。

		分析①	分析②	分析③	分析④
1 私は	です。				
2 私は	です。				
3 私は	です。				
4 私は	です。				
5 私は	です。				
6 私は	です。				
7 私は	です。				
8 私は	です。				
9 私は	です。				

第1章　自己とは何か

10　私は	です。			
11　私は	です。			
12　私は	です。			
13　私は	です。			
14　私は	です。			
15　私は	です。			
16　私は	です。			
17　私は	です。			
18　私は	です。			
19　私は	です。			
20　私は	です。			

國分（1984），福島（2005）を基に，著者が作成

分析①　内容による分類

書いた内容を以下のように分類してみましょう。

⑮ 生理的特徴：性別や身長，体重，外見的特徴

⑯ 社会的役割：兄弟関係，居住地域，学校，学年，アルバイトの役割など社会
　　　　　　　的な属性や役割

⑭ 内面的特徴：性格特性など自己の内面の特徴

⑰ 行動的特徴：趣味・関心事，能力・技能

⑯ そ　の　他：自分の願望，他者からの評価など

分析②　長所と短所の数

長所と思われる内容には⑭，短所と思われる内容には⑯を付け，各々の数を数え
ましょう。

分析③　最も影響を与えている自己概念

自己概念の中で自分に最も影響を与えているものを一つ選び，○を書き入れましょ
う。

分析④　事実との一致度

　自己概念がどのくらい現実に基づいているか，現実との一致度を1から10まで
で評定してみましょう。

　自己概念を分析してみて結果はいかがでしたか。結果について考えていきましょ
う。

　まず分析①についてですが，自己概念はどの内容が多かったでしょうか。一般的
に，成長するに従って生理的特徴などの具体的な面から，内面的な特徴などの抽象
的な面に対しての記述が増えると言われています。また，自分は自己概念のどの側
面に注目しやすいかについても振り返ってみましょう。内向的な人は自分の内面に
注目しやすい，外向的な人は外面に注目しやすいなど，性格傾向によっても注目し
やすさが変わります（詳細は，第3章を参照）。

　分析②の長所と短所の数はどうでしたか。長所と短所が半々だった人は，自分を
公平に見ている，短所が多かった人は自分を厳しく見ている，長所が多かった人は
自分に対して楽観的と言えます。

　分析③で選択した最も影響を与えている自己概念はどれでしたか。これは普段の
行動に強く影響を及ぼしていると思われる自己概念です。

　分析④の自己概念の事実との一致度はどうでしたか。子どものころ他者からの指
摘ででき上がった自己概念は，もしかしたら，成長に伴い，もう現実のあなたとは
一致しなくなっているかもしれませんから，現実との一致度を，時々確認してみる
と良いかもしれません。

ディスカッションのポイント！

〈学習のポイント〉
1. 自己概念・セルフスキーマとは何でしょうか。
2. 自己概念の成り立ちや機能について振り返ってみましょう。

〈自己理解のポイント〉
1. 自分はどういう自己概念を持っているでしょうか。
2. 自己概念の分析から自分の自己概念の特徴について振り返りましょう。
3. 各自の自己概念の特徴について，グループで話し合ってみましょう。

第1章　自己とは何か　　　11

今後の学習に役立つ参考文献

佐治守夫・飯長喜一郎（編）（1983）．ロジャーズ　クライエント中心療法　有斐閣新書.
中村陽吉（編）（1990）．「自己過程」の社会心理学　東京大学出版会.
平木典子（2000）．自己カウンセリングとアサーションのすすめ　金子書房.
溝上慎一（1999）．自己の基礎理論：実証的心理学のパラダイム　金子書房.

第**2**章　自己の適切な評価とは：自己評価・自尊感情

1. 自己評価

　皆さんは自分のことをどう評価していますか。自分に自信はありますか。自分は価値ある存在だと感じていますか。第1章で行った自己概念のワークで自分に対して肯定的，あるいは否定的というように自分に対する評価を意識した人もいるのではないかと思います。

　人は自分の自己概念に対して，それをポジティブにとらえたり，ネガティブにとらえたりと，自分に対する評価的な感覚や感情を持っています。適応的に生きていくために，適切に自己評価ができていること，これは私たちにとって必要な力です。本章では自己に対する適切な評価について考えていきます。

　私たちは社会の中で人と共に生きています。他者と比較をすることで自分の状態を知ろうとする傾向を私たちは基本的に持っているようです。そして一度でき上がった自己評価は高いまま維持したいと思うようです。まずは，他者と比較して自己を評価する過程からみていきましょう。

(1) 社会的比較

　人は自分の意見の妥当性や能力の程度などが曖昧であると，不快に感じ，自分自身をはっきりさせたいという自己評価の動機が高まってきます。ですが，意見の妥当性などは客観的な評価の基準があいまいだったりして，自分の意見が正しいのかどうかはっきりわからないことがあります。そういう場合に自分と類似した他者と比較することで，自分の評価を確定しようとします。この意見が果たして正しいかどうかは，なかなかはっきりしないけれども，自分と同

じような人と比較して，同じような意見を持っていれば正しいと思え，安心するのです。

　このように自分が持っているさまざまな属性について，他者と比較することで評価をし，価値づけを行うことを**社会的比較**といいます。フェスティンガー（Festinger, 1954）は，この社会的比較を理論化しました。フェスティンガーの社会的比較論では以下の3つが仮説としてまとめられています。

①人は自分の意見や能力を評価したいという動因を持っている。
②自分の能力や意見が客観的手段によって評価できないときには，周囲の他者との比較によって自分の能力の程度や意見の妥当性を評価しようとする。
③自分と類似した他者が比較対象として選択されやすい。

下方比較

　自分より劣った他者と比較することは下方比較と言います。自分より劣った他者と比較すると，相対的に自分が優れているように感じ，自分に対して肯定的な感情を持つことができます。自分より成績が下の人と比較して，あの人よりはいいからまあいいかと安心したりすることがありますが，これは下方比較の例です。

上方比較

　自分より優れた他者と比較することは上方比較といいます。自分より優れた他者と比較することによって自分もああなりたいというように自分を高揚させることができます。自分より優れた他者をモデルや憧れとして真似してみたりすることがありますが，これは上方比較の例です。

2. 自己評価維持モデル

　人は社会的比較などで一旦できあがった自己評価は維持したいと思い，それを最大に維持するように人との親しさや関心度などを調整します。

テッサーら（Tsser & Campbell, 1982; Tsser, Campbell, & Smith, 1984）は，人は基本的に自己評価を維持したいという動機があるとし，自己評価を維持する過程をモデルとして提唱しました。

皆さんの親しい人が，自分が大事だと思っている物事において，自分よりも優れていたと知ったらどう感じるでしょうか。これは自己評価が揺らぐ出来事です。たとえば，自分が得意なパソコン関係のことについて，自分の近しい知り合いが自分よりも優れていたことを知ったら，自分のパソコンに関する能力や知識の評価が揺らいでしまいます。きっと心穏やかではいられないはずです。でもそれが自分にとって重要な事柄ではなく，卓球のスキルとかけん玉チャンピオンとか，自分にとってはどうでもいいことであったらどうでしょう。自分の身近な人が自分より優れていたとしても，自分にとってどうでも良いことについてだったら，自分の評価にはあまり関係がないのではないでしょうか。むしろ逆に，自分がその人の知り合いというだけで自己評価が高まったような気になるのではないでしょうか。そんなに知り合いでもないにも関わらず，有名人と同じ高校の出身だということで優越感を感じるということもあるかもしれません。

このようなことは，自己評価維持モデルにおいて**比較過程**（comparison process）と**威光過程**（reflection process）として説明されています。これらの自己評価維持の過程には，他者との心理的な親密さ，他者や自己のパフォーマンス（成績や出来具合），自己との関連性（自己評価との関連性・自分にとっての重要度）が要因として関連しており，これらを自己内で変化させることで自己評価を最大に維持しようとするのです。

(1) 比較過程

比較過程とは，自分にとって関連が高いことが他者よりも劣っている時（すなわちパフォーマンスが低い時），他者と比較して自己評価が低下することです。この時，他者との親密さをより低く認知したり，他者のパフォーマンスを低く認知したりして，自己評価を最大に維持しようとするとされています。また，そのことに対して関心をなくすなど，自分との関連性を低めることでも自己評価を維持しようとします。

(2) 威光過程

威光過程とは，他者が自分とあまり関連のないことで自分より優れている時（すなわちパフォーマンスが高い時），その他者に同一視することで自己評価を高めるというものです。この時，自分より優れた他者をより親密に感じたり，他者のパフォーマンスをより高く認知したりすることによって，自己評価を最大に維持しようとします。

図2-1は，自己評価を最大に維持しようとする時に，親密さ，関連性，パフォーマンスをどう変化させるのかをまとめたものです。自分に関連のあることについてだと比較過程，自分には関連がないことについては威光過程を使用すると仮定されています。

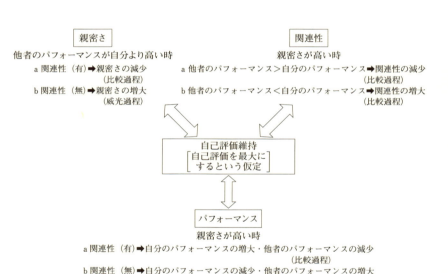

図2-1 自己評価維持過程のモデルにおける親密さ・パフォーマンス・関連性要因の関係（Tsser & Campbell, 1982）

3. 自尊感情

これまで自己評価について考えてきましたが，自己に対する評価には，自分は価値ある存在だと思うことや自分を誇りに思う気持ちなど自分への肯定的な思いが広く含まれてきます。こういった自分の価値や自分に対する誇りといった，一般的な言葉で言うと自尊心というものを，心理学では**自尊感情**と言います。次はこの自尊感情についてみていきましょう。

(1) 自尊感情の定義

自尊感情は，人が自分自身についてどのように感じるかという感じ方のことで，自己の能力や価値についての評価的な感情や感覚のことです。古くはアメリカの心理学者ジェームズ（James, 1890）が自尊感情を以下の公式で表しました。

$$自尊感情 ＝ 成功 ÷ 願望$$

自尊感情は成功を願望（要求）で割ったもので表せるというのです。同じように成功しても，そもそもの要求や期待が大きければ自尊感情もそれなりですし，そもそもの要求が小さければ期待以上の結果を得て自尊感情もより大きくなります。たとえば 100 点を期待したテストで 100 点を取った人よりも，60 点だと思っていたテストで結果が 100 点だった人の方が喜びも大きいですし，自尊感情もより高まります。

(2) 評価基準による 2 つの自尊感情：比べるのは自分内基準か社会的基準か

ローゼンバーグによる 2 つの自尊感情

ローゼンバーグ（Rosenberg, 1965）は，自尊感情には 2 つの意味合いがあると言っています。1 つは自分のことを「とてもよい　very good」と捉えることで，もう 1 つは「これでよい　good enough」と捉えることです（表 2-1 参照）。前者の「とてもよい」という感覚は，優越性や完全性の感情と関連し，

表 2-1　評価基準の違いによる 2 つの自尊感情

評価基準	ローゼンバーグ（1965）		近藤（2010）
	内包的意味	含まれる概念	
自分内基準	これでよい	自分なりの満足感	基本的自尊感情
社会的基準	とてもよい	完全性，優越感	社会的自尊感情

他者より優れ，また優れていると他者からみなされていると思うことです。一方「これでよい」という感覚は，たとえ平均的な人間であっても自分が設定した価値基準に照らして自分を受容することであり，自分に好意を抱くこと，自分を尊重することです。この 2 つを評価基準によって分けると，前者は自分内の価値基準，後者は社会的な価値基準によって評価しているということになります（遠藤，1992）。この違いは，たとえて言うと，ちょっと古くなりますが，『世界に一つだけの花』の歌詞にもあるように，"オンリーワン" と "ナンバーワン" の違いということになります。

　ローゼンバーグ自身は後者の「これでよい」という意味合いのものを自尊感情だと考え，自己を受容すること，自己を尊重することを重視しました。

基本的自尊感情と社会的自尊感情

　近藤（2010）は，自尊感情の意味合いを整理して，自尊感情を**基本的自尊感情**と**社会的自尊感情**に分けました。

　基本的自尊感情は，他者との優劣や比較からできるものではなく，基本的に自分はこのままでいいのだと思える感情のことを言います。何かができるからよいといった条件はなく，無条件に自分の存在をかけがえのないものだと感じ，認めることです。逆に基本的自尊感情が低いと，「自分なんかが生きていていいのだろうか」と自分の存在に疑念を持ってしまいます。それに対して社会的自尊感情は，他者との比較や優劣でできる感情のことを言います。

　ローゼンバーグ（1965）の考える自尊感情と近藤（2010）の基本的自尊感情・社会的自尊感情を表 2-1 にまとめました。

　さらに基本的自尊感情，社会的自尊感情の高低によって性格傾向に違いがあることが指摘されています（近藤，2010；図 2-2 参照）。

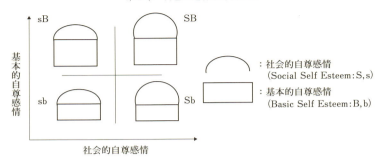

図 2-2　自尊感情の 4 つのタイプ（近藤，2010）

　大学生の皆さんからよく聞く声に，「社会に出るのがこわい」というものがあります。基本的に自分のことは好きだけれど，果たして社会に出て通用するのかが不安な場合があり，こういった状態は，基本的自尊感情は高いけれど，社会的自尊感情は低い状態だと言えます。また，一見自尊感情が高く，何でもできる人が，意外と内心がもろかったりする場合もあり，「あんなになんでもできるのに，なんで自信がなさそうなのだろう」というように感じることがありますが，それは，社会的自尊感情は高いけれども，基本的自尊感情が低く，根本的なところで自分を受け入れることができていないのだと思われます。

基本的自尊感情と社会的自尊感情の成立
　基本的自尊感情は乳幼児期からの親や親に代わる養育者からの絶対的な愛をもとに，その後の環境から形成されていきます。一方，社会的自尊感情は，プラスの評価を受けたり，勝負に勝ったりして形成されていきます。逆に勝負に負けたりすると，一気にしぼむ風船のように小さくなったりもします。しかし何かにきちんと関わって，それに対しての社会的な評価を受け入れ，社会的な自分の位置づけというものがわかってくることで，比較的安定した社会的自尊感情を形成できます。

（3）自尊感情に関わる重要な自己認知：自分にとっての重要なこと

　どのような自分の側面に自信が持てると，自分の自尊感情が高まるでしょうか。自尊感情はどのような自分の側面に対する評価でも高まるわけではなく，自分が重要だと感じている自己の側面においての自己認知と関係していると言われています。

　山本ら（1982）は，大学生を対象として 11 個の自己認知と自尊感情の関係を調べました。その結果，大学生の自尊感情において，自己の内面的側面，外面的側面，対人的側面の自己評価が重要だとわかりました。中でも特に，やさしさ，容貌，生き方の自己評価の高低と自尊感情の高低に関係が見出されました。さらに男性では，生き方と知性，女性では，やさしさ，容貌の自己評価と関係がありました。

　皆さんの自尊感情にとって重要視している自己の側面はどういうところでしょうか。友人が多いことでしょうか，性格がいいことでしょうか，それとも学力や能力でしょうか。重要視している部分は人によってそれぞれ個人差があります。

（4）自尊感情と理想自己：自分の理想と現実の自己の差

　自分が思い描いている理想の自分と現実の自分の差が自尊感情にとって重要だという研究（Moretti & Higgins, 1990）もあります。自分が理想とする自己と現実自己に，差がそんなになければ自尊感情は高いと考えられ，その差が大きければ自尊感情は低いと考えられるというのです。

　さらに，現実の自己が，社会的な望ましさや自分なりの基準と合致しているかどうかと，自尊感情の関係をみた研究（加藤，1977）では，社会的な望ましさと現実の自己との差よりも，自分なりの基準と現実の自己との差が大きい方が，青年期では自己批判傾向が強くなったということです。つまり，社会的な望ましさよりも自分なりの基準に基づいての評価の方が，より青年期の自己評価にとって重要だということです。

(5) 自尊感情と適応・精神的健康：自尊感情は低すぎても高すぎてもいけない？

自尊感情と脅威

同一の状況でも，ある人にとってはきわめて重大な脅威となり，別の人にとっては重大な脅威とはなりません。たとえば，失業や強引に説得されるといった脅威となる場面での対応と自尊感情の関係をみてみましょう。

まず失業という場面では，失業者の中で，自尊感情の高い人ほど賃金や職種について，自分の条件に合わない求人を拒絶する傾向が強かったということです（Shamir, 1986）。これは自尊感情が高い人が明確な自己概念を持ち，妥協せずにいられることを表していると考えられます。

また強制的に説得されるという場面では，自尊感情が高い人は，脅威を伴ったコミュニケーションで説得された場合は，説得に従わず逆に説得された方とは反対の方向に態度を変化させたのに対し，自尊感情が低い人は脅威を伴うコミュニケーションに対する抵抗が弱かったといいます（Brockner & Elkind, 1985）。

自尊感情と精神的健康

自尊感情はこれまで見てきたように，自分の存在や価値を認めることや社会的な評価と関わっています。自分の存在や価値を認め，社会的にも自信を持っていること，いわば適切な自尊感情があることは精神的健康を支える重要なものです。たとえ挫折を経験して自分の能力のなさや不運を感じたとしても，根本的なところでは自分を信じ，自分を大事にすることができるということ，これには自尊感情をバランスよく適切に持っているということが必要です。古庄（2009）は，中学生の自尊感情と抑うつの傾向を調べ，自尊感情の高低と抑うつが関係していることを指摘し，自尊感情と精神的健康に関連があることを示唆しました。

自尊感情は高ければいいの？

特に基本的自尊感情のような，真の自分の価値を認めるものではなく，いわ

ゆるプライドと言うような見かけの自尊心だけが高いというような場合は，逆に挫折に耐えられないなど脆弱性も伴います。また社会的自尊感情だけが高い場合も，競争に負けたときのダメージがかなり大きくなります。ですから，バランスよい自尊感情をもち，適切な自己評価をしていることが大切です。

(6) 自尊感情の現状：日本の中学生は自尊感情が低い？

　日本の中学生の自尊感情は低いという調査があります。東京都の小学生から高校生に行った調査（東京都教職員研修センター，2008：2009）によると，小学校から中学校にかけて自尊感情は低下しており，約6割の中学生が「自分のことが好きである」という問いに否定的に答えているということです。つまり約6割の中学生が自分のことが好きではないというのです。

　また日本青少年研究所の調査（日本青少年研究所，2002）では，アメリカや中国の中学生と比べて，日本の中学生は自分を価値のある人間だと思っていない人の割合が高くなっています。「私は他の人に劣らず価値のある人間である」という問いに対して，「よく当てはまる」と答えた中学生が，アメリカ51.8％，中国49.3％，日本8.8％だったというのです。なぜ日本の中学生は自尊感情が低いのでしょうか。

　これには親の養育などによる影響も指摘されていますが，謙遜が大事とされる日本の文化というものも関係していると考えられています。謙遜を重視する文化の空気を読んで自己評価を低く評定している人もいるかもしれません。

　また発達の影響も考えられます。中高生の発達段階の特徴として，他者との比較を重視するということも影響していると言えそうです。発達に伴い，各自が自分なりの価値基準というものを確立していくに従って，自分なりの基準では自己を受容するということができてくるのではないかと考えられます。

ワーク2　自尊感情チェックリストで自分の自尊感情を確かめてみよう　✽✽✽

自尊感情チェックリスト

　次の文章を読み，自分に当てはまるものに○，当てはまらないものに×を付けましょう。

第 2 章　自己の適切な評価とは　　　23

1	少なくとも人並みには，価値のある人間である。	
2	色々な良い素質を持っている。	
3	敗北者だと思うことがよくある。	
4	物事を人並みには，うまくやれる。	
5	自分には，自慢できるところがあまりない。	
6	自分に対して肯定的である。	
7	だいたいにおいて，自分に満足している。	
8	もっと自分を尊敬できるようになりたい。	
9	自分はだめな人間だと思うことがある。	
10	何かにつけて，自分は役に立たない人間だと思う。	

ローゼンバーグ（Rosenberg, 1965）を山本ら（1982）が翻訳した自尊感情尺度を基に筆者がチェックリスト形式に変更しています。

結果の分析

① 質問項目　3，5，8，9，10 は逆転項目ですので，答えを反転してください。
　　○と答えた人は×に，×と答えた人は○にしてください。

② ○の数を数えてください。

③ ○の数が多いほど自尊感情が高くなります。

ディスカッションのポイント！

〈学習のポイント〉
1. 社会的比較，自己評価維持モデルとはどのようなものですか。
2. 二種類の自尊感情について振り返ってみましょう。

〈自己理解のポイント〉
1. 自分の自尊感情はどのような状態でしたか。自分の自尊感情にとって重要なことは何でしょうか。
2. 威光過程，比較過程の身近な例を考えてみてください。また他者と比較して落ち込んだ例，他者と比較したことで頑張れた例なども考えてみてください。
3. 適切な自己評価・自尊感情はなぜ必要でしょうか。
4. 自尊感情を高めるにはどうしたらいいと思いますか。

第 I 部　自己の探究

今後の学習に役立つ参考文献

遠藤辰雄・井上祥治・蘭　千壽（編）（1992）．セルフエスティームの心理学：自己価値の探
　　求　ナカニシヤ出版.
近藤　卓（2010）．自尊感情と共有体験の心理学：理論・測定・実践　金子書房.
中間玲子（編）（2016）．自尊感情の心理学：理解を深める「取扱説明書」　金子書房.
中村陽吉（編）（1992）．「自己過程」の社会心理学　東京大学出版会.
古荘純一（2009）．日本の子どもの自尊感情はなぜ低いのか：児童精神科医の現場報告　光
　　文社新書.

コラム 1　自己愛：自分が好きなのは悪いこと？

　自分が好きなことは悪いことなのでしょうか。第 2 章で見てきたように，バラ
ンスの良い適切な自尊感情，自己評価は精神的な健康にとってとても大切なこと
です。でも，自分が好き**過ぎる**とか自分をすごいと思い**過ぎる**ということには違
和感を覚える人も多いのではないでしょうか。

　自分が好き**過ぎる**とか自分をすごいと思い**過ぎる**という状態は，心理学では自
己愛（ナルシシズム）と呼ばれてます。これは精神分析の始祖であるフロイト
（Freud, 1914）が概念化しました。この自己愛は，ナルキッソスという美少年が，
彼に恋する妖精には目もくれず，湖面に映る自分の姿に見ほれすぎて，水辺で水
仙の花になってしまったというギリシア神話からきています。

　フロイトは自分だけに関心が向き続けるナルシシズムは異常なことであると考
えていました。現在では自己愛の特徴を強く持つ状態を自己愛性人格障害という
人格障害の一つと捉えています。その特徴として，自分は特別だと思うこと，過
度に称賛を求めること，自分の目的のために他人を利用すること，共感性が欠如
していて他人の気持ちや欲求を認識しようとしないことというようなものがあり
ます。

　現在の社会を見ていても，過度に SNS で称賛を求めて自己愛を満たしたり，
なにか失敗するとすぐに自己愛が傷ついてしまったりと自己愛にまつわる問題は
多くの人の関心事のようです。

　フロイトは自己愛を異常なものだと考えましたが，後の時代の精神分析家コフー
ト（Kohut, 1971）は健康な自己愛というものがあると言い，その重要性を説き
ました。健康な自己愛が満たされ，基本的に自分が好きであるということは精神
的健康にとって必要なことなのです。

コラム1　自己愛：自分が好きなのは悪いこと？　　25

　大学生の皆さんに「自尊心の高い人」についてのイメージを挙げてもらうと，"自信がある" などのポジティブなイメージのほかに，" 人を見下す "" 人の意見を聞かない " というマイナスなイメージが出てきます。私たちが持つ自分が好き**過ぎる**とか自分をすごいと思い**過ぎる**人への違和感を考えていくと，その正体は，自分のことしか目に入らない，他人への配慮や共感が欠けていることなのではないかと思います。

　つまり，自分が好きだということは，コフートが言うように基本的には必要なことだけれども，同時に他者への配慮や思いやりといったものも必要だということです。でも自己愛が強い人がいくら他者に優しくても「他者に優しい自分」が好きなだけかもしれませんから，自己愛の問題はけっこうやっかいです。

第3章　自己とパーソナリティ

1.　パーソナリティ（性格）とは

(1)　パーソナリティの定義

　パーソナリティの定義は研究者により様々ですが，一般的には，「人の広い意味での行動（具体的なふるまい，言語表出，思考活動，認知や判断，感情表出，嫌悪判断など）に時間的，空間的一貫性および独自性をあたえているもの」（心理学辞典，1999）と定義されます。たとえば，いつも待ち合わせに遅れてくる人は普段から時間にルーズな傾向があります。こうした，時や場面が変わっても変化しないその人の特徴が**パーソナリティの一貫性**です。また，相手が待ち合わせに遅れた場合，激しく怒る人もいれば，それほど気にしない人もいます。このように同じ場面や状況でも，人はそれぞれ独自の反応を示します。それが**パーソナリティの独自性**です。

　パーソナリティと似た意味の英語にキャラクターがあります。どちらも日本語では性格を意味します。パーソナリティの語源はラテン語の「仮面（ペルソナ）」から来ていて，後天的に獲得し変化していくものという意味合いが強く，それに対しキャラクターは固定的・変化しにくいものという意味合いがあります。本章では性格を発達や環境により変化していくものと捉え，パーソナリティという用語を用いています。

(2)　気質とは

　パーソナリティと似た言葉に気質があります。では，気質とは何でしょうか。人のパーソナリティは図3-1にあるように，4つの層にわけられます。そ

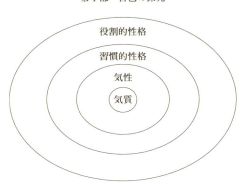

図 3-1　パーソナリティの 4 つの層（宮城，1998）

の円の一番中心にあるのが気質です。円の中心にいく程に遺伝的，生得的と考えられます。したがって，気質はパーソナリティの基盤をなす個人の特性と考えられています。

　次に円の外側にあるのが気性です。気性は幼児期に家族内の関係で作られます。たとえば，兄弟の出生順序も気性と関連することがわかっています。習慣的性格は，友人との生活や学校生活で形成されるものです。そして一番外側の役割的性格とは，母親は母親らしく，会社員は会社員らしくなど，その役割によって生じるパーソナリティのことです。パーソナリティはこのように 4 層の構造になっているのです。

2. 自分のパーソナリティを知ろう：エゴグラム

　エゴグラムというパーソナリティ検査を用いて自分のパーソナリティについて考えてみましょう。以下の質問を読んで，自分に当てはまると思う質問には○，どちらでもない場合は△，当てはまらない場合は×を書き入れましょう。あまり時間をかけて深く考えずに，直感的に回答してください。

第3章　自己とパーソナリティ　　　29

ワーク3　エゴグラム項目と折れ線グラフ　❁❁❁❁❁❁❁❁❁❁❁❁❁❁❁❁

　以下の質問に，はい（○），どちらでもない（△），いいえ（×）のように答えて
みましょう。ただし，できるだけ○か×で答えるようにしましょう。

エゴのタイプ		項目	○	△	×
CP（　）点	1	友人や子ども，または後輩が間違いをすると，すぐにとがめますか			
	2	あなたは規則を守ることに厳しいほうですか			
	3	最近の世の中は，子どもを甘やかしすぎていると思いますか			
	4	あなたは礼儀，作法にうるさいほうですか			
	5	人のことばをさえぎって，自分の考えを主張することがありますか			
	6	自分を責任感のつよい人間だと思いますか			
	7	小さな不正でも，うやむやにするのが嫌いですか			
	8	「ダメじゃないか」「……しなくてはいけない」という言い方をよくしますか			
	9	よい，わるいをはっきりさせないと気がすまないほうですか			
	10	ときには子どもをスパルタ式にしつける必要があると思いますか			
NP（　）点	11	人から道を聞かれたとき，親切に教えてあげますか			
	12	頼られたらたいていのことは引き受けますか			
	13	友人や家族に何か買ってあげることが好きですか			
	14	子どもをよくほめたり，頭をなでたりするのが好きですか			
	15	他人の世話をするのが好きなほうですか			

	16	他人の欠点よりも，長所をみるほうですか			
	17	人が幸福になるのを喜べますか			
	18	子どもや友人または後輩の失敗に寛大ですか			
	19	あなたは思いやりのあるほうだと思いますか			
	20	経済的に余裕があれば交通遺児を引き取って育てたいと思いますか			
A（　　）点	21	あなたは感情的というよりも，理性的なほうですか			
	22	何事も，情報を集めて冷静に判断するほうですか			
	23	あなたは時間をうまく活用していますか			
	24	仕事は能率的にテキパキと片づけていく方ですか			
	25	あなたはいろいろな本をよく読むほうですか			
	26	だれかを叱る前に，よく事情を調べますか			
	27	ものごとは，その結果まで予測して，行動に移しますか			
	28	何かするとき，自分にとって損か得かをよく考えますか			
	29	体の調子がよくないときは，自重して無理をさけますか			
	30	何かわからないことがあると，人に相談してうまく片づけますか			
FC（　　）点	31	うれしいときや悲しい時に，顔や動作にすぐ表しますか			
	32	あなたは人の前で歌をうたうのが好きですか			
	33	言いたいことを遠慮なく言うことができますか			
	34	子どもがふざけたり，はしゃいだりするのを放っておけますか			

第3章　自己とパーソナリティ　　　31

	35	もともと，わがままな面がつよいですか			
	36	あなたは好奇心がつよいほうですか			
	37	子どもと一緒に，はめをはずして遊ぶことがありますか			
	38	マンガの本や週刊誌を読んで楽しめますか			
	39	「わあ」「すごい」「かっこいい」などの感嘆詞をよく使いますか			
	40	遊びの雰囲気に楽にとけこめますか			
AC（　）点	41	あなたは遠慮がちで，消極的なほうですか			
	42	思ったことをいえず，あとから後悔することがよくありますか			
	43	無理をしてでも，他人からよく思われようと努めていますか			
	44	あなたは劣等感がつよいほうですか			
	45	あまりイイ子でいるため，いつか爆発するかもしれないと思いますか			
	46	他人の顔色をみて，行動するようなところがありますか			
	47	本当の自分の考えより，親や人の言うことに影響されやすいほうですか			
	48	人からどう評価されるとか，とても気にするほうですか			
	49	イヤなことをイヤと言わずに，抑えてしまうことが多いですか			
	50	内心では不安だが，表面では満足しているように振る舞いますか			

杉田（1991）を参考に，著者が作成

記入したら，CP，NP，A，FC，AC，それぞれの得点を集計してください。〇は

2点，△は1点，×は0点です。そして，集計した得点をグラフに書き入れ，折れ線グラフで表してみましょう。どのようなグラフになったでしょうか。

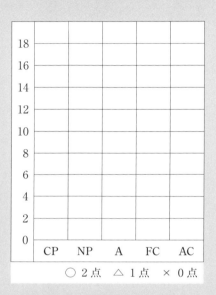

【エゴグラムの解説】

　エゴグラムはカナダ人精神科医，エリック・バーン（Eric Berne）により提唱された交流分析の理論に基づき作成された検査です。交流分析では「人は誰でも自分の内部に親，大人，子どもの3つの自我状態（エゴスティト）を持つ」と考えます。エゴグラムはこの考えに基づき，さらにそれを細かく5つの自我状態に分け，その人のパーソナリティのパターンを把握します（図3-2）。

5つの自我状態は以下の通りです。
① CP　**批判的な親**（Critical Parent）：子どもを厳しくしつける父親的な自我状態。社会の規律や道徳を重んじる。規律や責任感を強く求めるなど。
② NP　**養育的な親**（Nurtural Parent）：愛情深く子どもを育てる母親的な自我状態。他人に共感的で，世話好き。

③A　**大人の自我状態**（Adult）：物事を客観的に見て，現実的な判断を下すことができる大人の自我状態。
④FC　**自由な子どもの自我状態**（Free Child）：自分の気持ちを素直に表現して自由奔放にふるまう子どものような自我状態。
⑤AC　**従順な子どもの自我状態**（Adapted Child）：周囲に素直にしがたい，常にいい子であろうとする従順な子どもの自我状態。

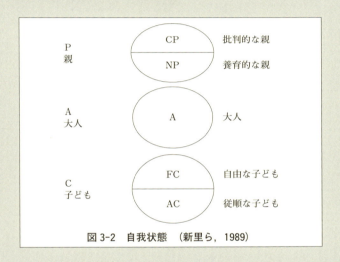

図3-2　自我状態　（新里ら，1989）

　エゴグラムはどの得点が高いと良い，低いと悪い，ということではありません。どの自我状態の得点が高い場合も低い場合も，良い面，悪い面の両面があります。また折れ線グラフのパターンは現在の皆さんの状態を表すもので，どのパターンのグラフが優れている，劣っているということではありません。以下にそれぞれの自我状態の良い面，悪い面とアドバイスをまとめました（表3-1）。

34　　第Ⅰ部　自己の探究

表 3-1　TEG5 要素の現れ方（行動パターン）早見表（TEG 研究会，1991）

得点が低い場合 ◀────────────────────────── 平均

アドバイス	マイナス面	プラス面	
自分の立場や役割を考え，自分の意志で行動する 自分の意見をハッキリさせ自己主張してみる	何を考えているのかわからない いいかげんである 義務感，責任感が弱い	おっとりしている 融通性がある こだわらない のんびりしている	CP
できるだけ相手に思いやりを持つように努力する 普段から友人を大事にしたり，動物を飼ったりするとよい	冷たい 自分勝手である 相手に共感，同情しない	さっぱりしている 淡白である 感情的にならない	NP
できるだけ合理的な考え方をする うまくいかなくてもイライラせず，できることを確実に手がける	現実無視 計画性がない 自分勝手である 考えがまとまらない	詩情豊かである 純朴である お人よし 屈託がない	A
気持ちが内にこもらないよう，できるだけ陽気にふるまって気持ちを引き立てる スポーツ，旅行，食べ歩きもいい	おもしろ味がない 暗い印象を与える 意欲がない 恨みがましい おどおどしている	おとなしい 妥協性がある イイ子である 慎重である 素直である	FC
ときには自分を抑えて，周囲の人をほめたり，妥協したりする気持ちの余裕を持つ	わがままである 自己中心である 一方的である 近寄り難い印象を与える	健康的である 快活である あけっぴろげである 積極的である 自発性に富む	AC

第3章　自己とパーソナリティ　　35

→ 得点が高い場合

プラス面	マイナス面	アドバイス
理想を追求する 良心に従う ルールを守る スジを通す 義務感，責任感が強い 努力家	タテマエにこだわる 不完全を許さない 批判的である 何事も自分の思う通り にしないと気がすまな い	完全主義者なので疲れ やすい 相手の立場を認める気 持ちの余裕を持ち，仕 事や生活を楽しむように する
相手に共感，同情する 世話好き 弱いものをかばう 奉仕精神が豊か	過度に保護，干渉する 他人の自主性を損なう 他人を甘やかす	自分と相手の関係をで きるだけ客観的に考え， おせっかいや過干渉に ならないように注意する
理性的である 合理性を尊ぶ 沈着冷静である 事実に従う 客観的に判断する	機械的である 打算的である 人間味に乏しい 冷徹である	能力は高いが，ともする と自分の判断だけで行 動する チームワークや周囲との 協調を心がける
天真爛漫である 好奇心が強い 直感を尊ぶ 活発である 創造性に富む	自己中心である わがままである 動物的である 感情的である 気が短い	気分にむらがある できるだけ後先を考え 冷静さを心がける 一呼吸おいて行動する とよい
協調性に富む 妥協性が強い イイ子である 従順である 慎重である	遠慮がちである 依存心が強い 我慢してしまう 自主性に乏しい 感情が内にこもる	あれこれ考えず，まず 行動してみることで，自 信をつけていく

次の観点から自分のエゴグラムを解釈してみましょう。

Q1. 一番高い点数，低い点数に注目し，それがどのような自我状態か判断し
　　てみましょう。また，解説（プラス面，マイナス面）を読んで，自分にど
　　のようにその特徴が表れているか考えてみましょう。
Q2. その他の自我状態の高低も考えながら，総合的に現在の自分はどのよう
　　なパーソナリティかを考えてみましょう。

3. パーソナリティの捉え方：パーソナリティ理論

　パーソナリティを記述する代表的な理論に，類型論，特性論があります。この節では類型論，特性論の考え方を知るとともに，その代表的な理論を紹介します。

(1) 類型論

　類型論とは，多様に存在するパーソナリティをいくつかの典型的な類型（タイプ）にあてはめて分類し，個人を全体像として理解しようとする考え方です。「○○タイプの人はこういう特徴です」と，人をタイプに分けて捉えようとするものです。パーソナリティの類型論の中で，現代の心理学に強い影響をあたえたのが，クレッチマーやユングの理論です。

①クレッチマーの類型論

　ドイツの精神科医クレッチマー（Kretschmer, 1955）は，多くの精神病患者と接する中で，精神病の種類と患者の体格に密接な関連があること，また，これらの人々に共通したパーソナリティ傾向が認められることを確認し，**体型に基づいたパーソナリティの類型化**を試みました。

　クレッチマーは，分裂病（統合失調症）の患者には背が高くやせ型の人が多

第3章 自己とパーソナリティ　　　37

表 3-2　クレッチマーによる精神異常と体格の比率（Kretchmer, 1965）

精神異常＼体格		肥満型	細長型	闘士型	その他
躁うつ病	（1361例）	64.6%	19.2%	6.7%	9.5%
分裂病	（5233例）	13.7%	50.3%	16.9%	19.1%
てんかん	（1505例）	5.5%	25.1%	28.9%	40.5%

表 3-3　クレッチマーの 3 つの類型と体型（宮城（1960），Kretchmer（1955）を基に著者が作成）

体格型	気質型	気質の特徴
細長型	分裂気質	①非社交的，静かで内気，きまじめでユーモアがない，変わり者。②臆病，はにかみや，敏感で神経質，傷つきやすく興奮しやすい，自然や書物を友とする。③従順，お人よし，温和，無関心，鈍感，愚鈍。
肥満型	躁うつ気質	①社交的，善良，親切，温かみがある②明朗，活発，ユーモアがある，激しやすい③寡黙，平静，柔和，気が重い。
闘士型	てんかん気質	①ゆうずうのきかないかたい感じで，非常にがんこである。②事物に熱中し，一度始めたことを粘り強くやりぬく。徹底的である。③興奮すると夢中になり，自分が抑えられなくなり，怒りやすい。④正義感が強く，不正直なことや曲がったことに対しては厳しい。義理がたい。⑤几帳面で秩序を尊重し，対人関係ではていねいすぎるくらいていねい。とかくものごとを堅苦しく考え，手際がわるい。

表 3-4　ユングの外向型と内向型

タイプ	行動特性
外向型	関心が外に向かい客観的。 社交的で，カラに閉じこもって身を守ろうとしない。 容易に自分の考えを外に表現する。 自信が強い。 他人が自分と同様に行動することを要求する。 他人のいる所の方が仕事ができる。 責任を二の次にして機会をつかもうとする。
内向型	関心が内に向かい主観的。 孤独で外部の世界から身を守る。 自分の考えを表現するのが容易でない。 自信が強くない。 他人のことに無干渉。 他人がいると仕事ができない。 仕事を引き受ける前に責任を考える。

いこと，躁うつ病の患者には太った人が多いこと等に着目し，分裂病の人は「**細長型**（やせ型）」，躁うつ病は「**肥満型**（太り型）」，てんかんは「**闘士型**（筋肉質型）」に多いという結果を示しました（表3-2）。そして，それぞれの体格と気質が関連しているとして，精神病患者のみならず健常者であっても，細長型は分裂気質，肥満型は躁うつ気質，闘士型はてんかん気質と，体型により気質が異なることを示したのです（表3-3）。こうしたクレッチマーの気質類型は，身体的・生理的な特徴を基準とした類型論の代表的なものと言えます。

②ユングの類型論

スイスの精神科医ユング（Jung, 1921）も，類型論によりパーソナリティを分類しています。日常でも使われている内向，外向という言葉をはじめて用いたのがユングです。ユングは**リビドー**（心的エネルギー）の向かう方向性に着目し，リビドーが自分に向かうのが「**内向型**」，外界に向かうのが「**外向型**」としました。ユングによると，外向と内向は二項対立的な相反関係にあり，これは生得的な気質要因によって決定されるとされています。内向と外向の特徴を表3-4に示します。

第3章　自己とパーソナリティ　　　　　　　39

表 3-5　ユングによる 8 類型

	思考型	感情型	感覚型	直観型
外向型	外向的 思考型	外向的 感情型	外向的 感覚型	外向的 直観型
内向型	内向的 思考型	内向的 感情型	内向的 感覚型	内向的 直観型

　また，この内向型，外向型に加えて，「思考」「感情」「感覚」「直観」という
4 つの心的機能により個人を分類しています。

　思考：物事を知的・論理的に対処しようとする心の機能。
　感情：物事の価値を「好ましいか，好ましくないか」など，感情によって判
　　　　　断する心の機能。
　感覚：五感などを通じて現実にあるものを知覚する機能。
　直観：ものごとの隠された可能性を知る機能。ひらめきがある。

　これら 4 つの機能は誰の心にも存在していますが，ユングは個人の中で最も
発達している機能を「**優越機能**」とし，それによって人を「**思考型**」「**感情
型**」「**感覚型**」「**直観型**」にタイプ分けしました。そして「内向 - 外向」とこ
の 4 つの心的機能の組み合わせで，パーソナリティを 8 つの類型に分類してい
ます（表 3-5）。

　さて，このように類型論はタイプに分けられるため，人を全体として理解で
きる強みがあります。しかし，実際の人の性格は多種多様で，類型論で全ての
人の性格の差異を説明するには無理があります。また，類型論はパーソナリテ
ィの気質的側面から分類されることが多く，後天的に備わった側面が軽視され
やすい傾向があります。このようなことから，数多くの視点から人を捉える特
性論の考え方が主流となってくるわけです。

(2) 特性論

　特性論では，パーソナリティは「やさしい」「几帳面」など，多様な事態で

現れる一貫した行動傾向である「特性」が組み合わさって成り立つと考えます。人のパーソナリティは各特性の強弱（高低）で把握できるという考え方です。それでは，パーソナリティはいくつの特性で成り立つのでしょうか。特性を最初に提唱したアメリカの心理学者オールポート（Allport）は，辞書に18000語あるパーソナリティ用語を分類し，パーソナリティ特性を導き出したところ，最終的に4500語ほどもあったといいます。これではとても個人のパーソナリティを記述することは困難です。以降，多くの研究者が「パーソナリティはいくつの特性で把握できるか」という点を検討しています。**因子分析**という統計的な手法を用いて特性を絞り込み，そこから様々な性格検査が生まれています。ここでは，キャッテルの特性論を例に挙げて紹介しましょう。

①キャッテルの 16PF（16 人格因子質問紙法検査）

　キャッテル（Cattell, 1965）は観察に基づく行動評定や質問紙，客観的テスト等，様々な資料のデータに因子分析を行い，パーソナリティは 16 の「**根源特性**」から成り立つことを示しました。個人の個性は，その根源特性の高低の組み合わせにより表せるということです。そしてそれに基づき，16PF という性格検査を作りました。このテストでは，187 項目の質問に答え，その結果の集計を 16 個の根源特性上に表します。この 16 の根源特性で表された結果をプロフィールとよびます。図 3-3 に徳川家康と豊臣秀吉を想像して 16PF 上に評定した例を示します。このように人のパーソナリティを特性論ではプロフィールにより把握するのです。

② ビッグファイブとクロニンジャーの 7 因子パーソナリティ理論

　因子分析を用いた研究の蓄積から，近年では"5 つの因子でパーソナリティを説明できる"とする意見が優勢となっています（丹野，2003）。5 つの因子とは，a. 外向性，b. 協調性，c. 誠実性，d. 情緒安定性，e. 開放性です（研究者により多少の違いがあります）。これらの 5 因子は，様々な文化圏で安定性が認められた基本的特性とされ，**ビッグファイブ**と呼ばれています。日本でも辻ら（1997）の開発により，5 因子性格検査（FFPQ）が用いられています。

　また，アメリカの精神科医，**クロニンジャーのパーソナリティ理論**では，パ

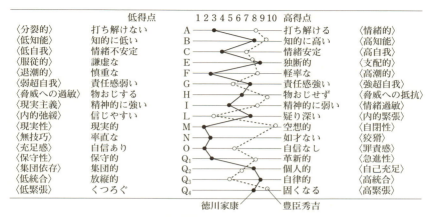

図3-3 キャッテルの根源特性と16PF（伊沢, 1982；関・中西, 1981）

ーソナリティは，a. 新奇性探求，b. 損害回避，c. 報酬依存，d. 固執，e. 自己志向性，f. 協調性，g. 自己超越性の7因子から成り立つとされています。この理論の特徴的な点の一つは，これら7因子のうち気質の因子と性格の因子を明らかにしたことです（Cloninger, 1993）。クロニンジャーによるとa〜dは環境に影響を受けにくい「気質」，e〜gは環境に影響を受けやすく変化しやすい「性格」であるとされています。

もう一つ特徴的な点として，いくつかの因子に関連する神経伝達物質を明らかにしたことです。a. 新奇性探求にはドーパミンが，b. 損害回避にはセロトニンが，c. 報酬依存にはノルアドレナリンが関係していると想定されています。この理論に基づきTCI（Temperament and Character Inventory）も開発され，様々な臨床，研究の場で用いられています（木島，2014）。

4. パーソナリティはどう決まる？：パーソナリティ発達に関連する要因

個人のパーソナリティは何によって決定されるのでしょう。パーソナリティには遺伝と環境の両方が影響しています。図3-1で示したように，パーソナリティの中核をなす気質は，遺伝との関連性が高い部分です。しかし円の外側に

行くほど後天的に身についたパーソナリティであり，環境により変化しやすくなります。ではその環境とは何を指すのでしょうか。

　まずは，**家庭の要因**があげられます。各々の家庭には各々の文化があります。親の価値観や宗教，親の年齢などが子どものパーソナリティに影響を与えるでしょう。次に**家族構成**も影響することが明らかになっています。家族の人数，出生順序，兄弟との関係性などがあげられます。また**親の養育態度**が子どものパーソナリティに影響することも明らかになっています。

　また，成長の過程では**友人関係や学校での体験**も影響します。特に思春期以降，親から精神的に自立していく過程で，友人の影響は大きくなります。学校という集団内での適応の度合いや体験もパーソナリティに影響を与えるものでしょう。さらには，**文化的，社会的要因**も影響しています。日本人は他国の人から見るとシャイで内向的に見えるようです。こうした日本に住み，日本文化の中にいることで自然と身につくパーソナリティもあります。また，最近はずいぶんと緩やかになりましたが，「男らしさ」，「女らしさ」という性役割や，「社会人らしく」，「母親らしく」など社会的役割により発達していくパーソナリティもあります。

　パーソナリティは生涯発達し続けると考えられており，成人期以降も発達に伴い変化しますし，病気や事故，結婚など，大きなライフイベントや危機体験をきっかけに，パーソナリティが変化する人もいます。このようにパーソナリティの発達には様々な要因が影響しているのです。

ディスカッションのポイント！

1. エゴグラムの結果から自分のパーソナリティを分析してみましょう。
2. パーソナリティの類型論，特性論についてそれぞれの長所・短所を検討してみましょう。

今後の学習に役立つ参考文献

木島伸彦（2014）．クロニンジャーのパーソナリティ理論入門　北大路書房．
窪内節子（編著）（1997）．楽しく学ぶこころのワークブック：自己理解とメンタルヘルス　学術図書出版社．
清水弘司（監修）（2004）．図解雑学　性格心理学　ナツメ社．
丹野義彦（2003）．性格の心理：ビッグファイブと臨床からみたパーソナリティ　サイエンス社．

43

第4章　ライフサイクルから捉える自己：今までの自己，未来の自己，キャリアを考える

1. ライフサイクルと生涯発達

(1) 生涯発達

　「人の発達」と聞いて，皆さんは何を思い浮かべますか。「発達」という言葉を辞書（広辞苑，2008）で引くと，「①生体が発育して完全な形態に近づくこと，②進歩してよりすぐれた段階に向かうこと。規模が大きくなること，③個体が時間経過に伴ってその心的・身体的機能を変えてゆく過程。遺伝と環境とを要因として展開する」と出てきます。一般的に「発達」というと，①のイメージが強く，おそらく皆さんも「子どもが大きくなっていく様子」等を思い浮かべたのではないでしょうか。

　心の発達を扱う発達心理学でも，以前は乳幼児から成人に至るまでが発達の対象であり，成人後は扱ってきませんでした。成人すれば発達は終了と考えられていたからです。それが1980年代に入り，**生涯発達心理学**へと変化し，成人期や老年期も含めて人間の一生の変化過程が扱われるようになりました。"人は生涯にわたって発達し続ける"という考え方に基づき，**「獲得」のみでなく「喪失」も含めて発達**とみなされるようになりました。また，"個人の発達は環境との相互作用で生じる"という考え方は，発達心理学の基盤となるものですが，その中でも**可塑性（可変性）**という視点が重視されています。皆さんも「自分の性格はこの年でもまだ変われるのか」等と思ったことはないですか。いつまでなら，どういう環境でなら，その個人の要因が変化するのか，ということです。さらに生涯発達心理学では発達が歴史に埋め込まれていることも重視します。現在の大学1年生と20年前の大学1年生では，取り巻く文化

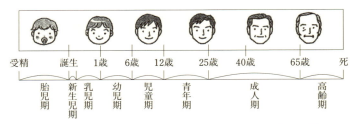

図 4-1 発達の区分（小野寺（2009）を参考に，著者が作成）

や環境もかなり異なります。そうした時代背景も考慮して，生涯にわたる人の発達を考えるのが生涯発達心理学です。

(2) 発達の区分

今日の発達心理学では，ライフサイクルを，胎児期，新生児期，乳児期，幼児期，児童期，青年期，成人期，高齢期に区分して論じています。そして，成人期のうち40歳は中年期と一般的にされています。また，思春期のスタートは第二次性徴の始まりの時期になります。そのため思春期の時期は人により異なります。

(3) ライフライン分析

発達心理学を学ぶ前に，まずは皆さんのこれまでの自分の経験，人生を振り返り，グラフ上に記入してみましょう。それができたら今の年齢よりも先を想像してグラフ化してみましょう。40歳まで記入できるようになっています。40歳は中年期に差しかかる頃です。そこまでの自分の姿を想像して記入してみてください。

> **ワーク4 ライフライン分析に取り組んでみよう**
> 縦軸はその時の状態がいい感じだった（＋）か，よくない感じだった（－）か，を示します。マイナスの値が大きい程よくなかった度合いも高いということになります。0のラインは平均的（どちらでもない）になります。横軸は年齢です。1マ

第4章 ライフサイクルから捉える自己

スを1年と考えましょう。そして，グラフに特徴的な出来事を記入していきましょう。現在の年齢以降は想像や理想になります。自分の人生がどのようになると考えるか，記入してみましょう。例を挙げておきますので，参考にしてみてください。

過去のことをよく覚えていない方はざっくりでも構いません。また思い出すと辛い出来事については記入しなくても構いません。

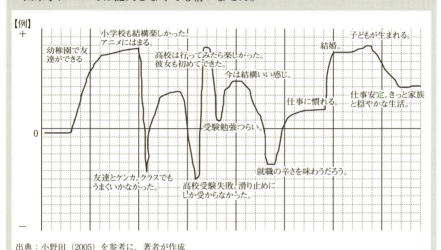

出典：小野田（2005）を参考に，著者が作成

【ワーク：ライフライン】横のメモリを1歳ごとと考えて記入しましょう。

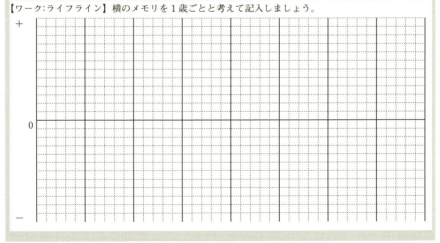

> ライフラインの記入が終わったら，これまでの自分の人生を客観的に眺めてみ
> て，Ｑ１からＱ３について考えてみましょう。

Ｑ１．これまで歩んできた道を自分で見て，どんなことを感じましたか。＋の
　　　高いところや－の低いところ，あるいは曲線の曲がっているところでは，ど
　　　んなことがありましたか。その時どのようなことを考えていましたか。
Ｑ２．曲線全体を見てください。何かパターンのようなものがありますか。
Ｑ３．－から＋へ転じる際に，何があなたの力になったのでしょうか。人が逆
　　　境を乗り越えていく力をレジリエンスと言います。この部分を分析しておく
　　　と，自分のレジリエンスがどういうものであるか，判ってくると思います。

---

2. 生涯発達における発達理論

(1) 乳幼児期の発達：愛着理論

　もともと心理学では，親子の間に情緒的絆ができるのは，親が乳児の基本的
欲求を満たしてくれる対象であるから，と考えられていました。**対象希求性**
（ある対象を求める傾向）は，ミルクやおっぱいをもらいたいという栄養摂取の
欲求から派生すると考えられていた訳です。しかし，少しずつそうでないこと
がわかってきました。皆さんはひな鳥の刷り込みを映像などで見たことがあり
ますか。ひな鳥は最初に見た対象を親だと思い後追いします。餌をくれるかど
うかは関係ありません。こうしたことから，対象希求性は栄養摂取の欲求とは
別の独立の起源を持っている可能性が高いという考えが主流となりました。そ
して，このことを子ザルの実験によって明らかにしたのがハーロウ（Harlow,
1958）です。彼は，生後間もないうちに母ザルから分離した子ザルを，ミルク
を与えてくれる金網製の代理母と，ミルクはくれなくてもやわらかく温かい毛
布でできた代理母とがいる状況におき，その様子を一定期間観察してみました
（写真4-1）。その結果，子ザルはミルクがほしい時のみ金網製の母のところに

第4章 ライフサイクルから捉える自己　　　　　　　　　　47

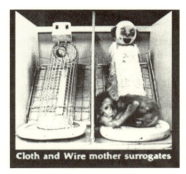

写真 4-1 布製と針金製の代理母（左），布製の代理母にしがみつく子ザル（右）
（Harlow, 1958）

近づき，それ以外はほぼ大半の時間を毛布性の母にしがみついて過ごしていたという結果を得ました。この実験から，対象希求性は栄養摂取とは別の起源を持ち，もともと生得的に備わっているものであることを示したのです。

　その後，児童精神科医であったボウルビー（Bowlby, 1969; 1973; 1980）は，こうした他の生物に見られる対象希求性が人間の乳児にも等しく備わっていると考え，特定個体との近接を求め，また，それを維持しようとする傾向，あるいはその結果確立される情緒的絆そのものを**愛着**（Attachment）と呼び，それが乳幼児期の発達において非常に重要であることを強調しました。そこで得られる身の安全や安心感が，その後の健常な発達の基盤になるということです。

(2) エリクソンの漸成発達理論

　人のライフサイクルを8段階に分けた生涯発達理論を提唱したのがエリクソン（Erikson, 1982; 1989）です。彼の発達理論には大きく2つの特徴があります。1つは**心理社会的発達**に焦点を当てたことです。心理社会的発達とは，人の発達は常に社会（環境）との相互作用の中で生じるという考え方です。またもう1つの特徴は，**漸成発達（エピジェネシス）**という考え方です。漸成発達はもともと生物学用語で，器官の形成があらかじめ運命づけられているのではなく，発達の段階ごとに環境の影響を受けながら次々と形作られていくという発達観です。そうしたことから，エリクソンの発達理論では8つそれぞれの段

		1	2	3	4	5	6	7	8
老年期	VIII								統合 対 絶望・嫌悪 **英知**
成人期	VII							生殖性 対 停滞 **世話**	
前成人期	VI						親密 対 孤立 **愛**		
青年期	V					同一性 対 同一性混乱 **忠誠**			
学童期	IV				勤勉性 対 劣等感 **適格**				
遊戯期	III			自主性 対 罪悪感 **目的**					
幼児期初期	II		自律性 対 恥, 嫌悪 **意志**						
乳児期	I	基本的信頼 対 基本的不信 **希望**							

図 4-2　発達段階と心理・社会的危機（太字は基本的強さを示す。Erikson（1989）を参考）

階に獲得しておくべき課題（**発達課題**）が存在し，前の段階の課題の獲得なしには次の課題の獲得は困難になるということが強調されています。発達課題を達成できないと**心理社会的危機**に陥り，そのまま次の段階に進んでしまうと健康な自己を発達させることができないとされています（図 4-2）。

　たとえば，第一段階の乳児期においては，獲得すべき発達課題は「基本的信頼　対　基本的不信」です。生まれてすぐの時期，お腹がすいて泣いたらお母さんがおっぱいをくれる，おむつを取り替えてくれる，という行為の繰り返しの中で基本的信頼感が生まれてきます。この時期は誰か（親や主たる養育者）を心から信頼できるようになるということが大切な時期だということです。そ

第4章　ライフサイクルから捉える自己　　49

して，この課題を獲得することで「希望」という力を得られるのです。反対に
この時期に信頼を得られなければ「基本的不信」という危機となります。エリ
クソンは各段階の発達課題を「対」の形で示しています。しかし，基本的信頼
が100％，基本的不信が0％という結果のみが発達課題の獲得ではありませ
ん。その両方が存在しても，それでもバランスをとって基本的信頼が多くの割
合を占めていればそれでよいとされています。このようにして，老年期に至る
までの発達課題を定めています。

　そして，エリクソンが彼の発達理論の中で非常に重視していた概念が，**同一
性（アイデンティティ）**です。この同一性の獲得は，青年期の発達課題でもあ
り，皆さんも現在もしくは今後取り組んでいく課題です。次にアイデンティテ
ィについての研究をご紹介します。

(3) マーシャのアイデンティティ・ステイタス研究

　アイデンティティとは，簡単にいうと「自分は自分である」という感覚で
す。「過去から将来に至る時期の中で自分は一貫して自分であり，しかも社会
的関係の中で他者からそのような自分を認められている」というものです。し
たがって，アイデンティティは，"時間的な自己の同一と連続性の認識"と
"他者が自己の同一と連続性を認識している"という2つの認識により成立し
ます。

　エリクソンによれば，アイデンティティは青年期に「自分とは何か」を問い
直し，そこで生じる葛藤を通して獲得されていくとされています。つまりは，
青年期には一時的にアイデンティティの危機的な状況を経験し，それを乗り越
えることで「これが自分である」というアイデンティティの感覚を獲得すると
いうことです。

　こうしたアイデンティティの発達状況を調査したのが，マーシャ（Mercia,
1966）のアイデンティティ・ステイタス研究です。この研究では「職業」「宗
教」および「政治」（イデオロギー）という心理社会的領域について，"自らの
意見や態度を決定するための葛藤を経験しているか"という**危機（crisis）**と，
"その領域への積極的関与があるか"という**傾倒（commitment）**の2つの基準
を用いて，青年期のアイデンティティの状態を4つに分類しました。その分類

表 4-1　アイデンティティ・ステイタスの分類と概略（Mercia, 1964）

アイデンティティ・ステイタス	危機	傾倒	概　要
アイデンティティ達成 identity achiever	経験した	経験した	幼児期からのあり方について確信がなくなり，いくつかの可能性について本気で考えた末，自分自身の解決に達し，それに基づいて行動している。
モラトリアム moratorium	その最中	しようとしている	いくつかの選択肢について迷っているところで，その不確かさを克服しようと一生懸命努力している。
早期完了 foreclosure	経験していない	している	自分の目標と親の目標の間に不協和がない。どんな体験も，幼児期以来の信念を補強するだけになっている。硬さ（融通のきかなさ）が特徴的。
アイデンティティ拡散 identity diffusion	経験していない	していない	**危機前（pre-crisis）** 今まで本当に何者かであった経験がないので，何者かである自分を想像することが不可能。
	経験した	していない	**危機後（post-crisis）** すべてのことが可能だし，可能なままにしておかなければならない。

は以下の通りです（表 4-1）。

　皆さん，現在の自分のアイデンティティ・ステイタスがどの状態かわかりますか。無藤（1979）は，心理社会的領域を「職業」「政治」「価値観」に変更し，この方法を日本の男子大学生（3，4 年生）に行い，全 63 名中，アイデンティティ達成 29 名，モラトリアム 4 名，早期完了 20 名，アイデンティティ拡散 10 名という結果を得ています。

　Q．自分のアイデンティティステイタスについて「職業」「価値観」を領域とし
　　て，「危機」と「傾倒」を基準に考えてみましょう。

　そして，青年期に確立されたアイデンティティは，それでもう見直しの必要がないということではありません。アイデンティティは，成人期以降もライフサイクルの中で見直され修正されながら螺旋状に発達していくとされています（岡本，2002）。人は年齢とともに変化し，さらに社会も急速に変化しています。したがって，青年期にアイデンティティを確立していくことと同程度に，

その後も繰り返しアイデンティティを捉えなおし，修整していくことが重要になるのです。

3. キャリアについて

　青年期にはアイデンティティの確立が自己のテーマとなり，その主要な領域として「職業」があります。皆さんも今後の自分のキャリアについて考えていく時期が来ています。ここでは皆さんがキャリアを考えていく手助けとなるように，ワークを通してキャリアについて考え，自己理解を深めていただければと思います。

　まず，キャリアとは何か。辞書で引くと「経歴」「職歴」「履歴」などとあります。ここでのキャリアとは「成人の人生において，仕事をおこなうこととともに進行する，組織か職業のいずれかに関連した一連の活動ならびに経験（宗方，2002）」と定義しておきます。簡単に言うと，"仕事にまつわる様々な活動や経験"ということです。

(1) 個人―環境適合理論（Person-Environment Fit Theory）

　この理論は，「興味や適性といった個人のパーソナリティ特性と，職務環境との一致の程度が職業生活での成功や満足を決定する」という仮説に基づく理論です。最も代表的な適合理論は，ホランド（Holland, 1973）のモデルで，日本でも VPI 職業興味検査として活用されています。それでは，このホランドの理論を参考に作成されたワークをまずはやってみましょう。

ワーク5　好きな役割 �֎✶✶✶✶✶✶✶✶✶✶✶✶✶✶✶✶✶✶✶✶✶✶✶✶✶
ワークの進め方
1. あなたは小学生を対象にしたキャンプの実行委員になりました。何人かのチームで役割を分担して，3泊4日のキャンプを成功裡に終わらせたいと思います。実施にあたって，次のような役割分担を決めました。あなたはどの役割をやり

たいですか。第二希望まで2つ選んでください。

【キャンプの役割一覧】	
役割	主な内容
①テント・燃料係	【事前】キャンプ道具がそろっているか，不具合はないかを確認し，必要に応じてメンテナンスをしておく。 【当日】たき火や炊事に使う薪や小枝を集め，使いやすいように割ったり，切りそろえたりした後，班ごとに分けて配る。また，子どもたちがテントを張ったり，火をおこしたりするのを手伝う。
②調査係	【事前】キャンプをする場所として，条件に合うところをインターネットなどで調査し，とりまとめておく。 【当日】翌日のスケジュール展開に活かせるように，気象情報などを収集し，目安を立てておく。次回のキャンプの参考となるよう，データを取っておく。
③デザイン・音楽係	【事前】キャンプ参加者を募集するための雰囲気のあるチラシ作りや，当日配布する楽しげなしおり作りをする。スタッフTシャツのデザインも作成。 【当日】キャンプファイヤーや朝夕の集いのときに流す音楽を選択。最終日に参加者に渡す記念品のデザインも担当。
④引率・養護係	【事前】問い合わせへの回答や事前説明会での説明。 【当日】気持ちが悪くなった人や夜眠れない子などの相談対応，救護係。朝の散歩大会の引率や，森の生き物教室のインストラクター，石や木を使った工作や，飯ごう炊さんの調理指導も。
⑤企画・運営係	【事前】キャンプ全体の企画を立案し，各係と調整する。報道機関への対応も。 【当日】キャンプ全体の運営管理を担当し，朝夕の集いやキャンプファイヤーでは司会進行を担う。班対抗のイベントでは，それぞれの班のまとめ役として子どもたちを助ける。
⑥事務局	【事前】企画，検討記録の作成や参加費の入金チェック，経費の出金管理を行う。

第4章　ライフサイクルから捉える自己　　53

	【当日】連絡窓口として本部に詰めておく。貸出品の受け渡し管理や当日の現金管理，貴重品の保管を行う。食材などの納入業者への対応も。

2. 2つ選んだら，ワークシートに「①その役割を選んだ理由，方法」を記入しましょう。次に，「②役割を担ったときには，あなたは具体的にはどんな活動をしそうですか」「③その活動をしたとき，どんなことがおもしろそうですか」について，それぞれ具体的に書いてみてください。

【記入シート】

第一希望の役割 【　　　　　】	
①その役割を選んだ理由，方法	
②役割を担ったときには，あなたは具体的にはどんな活動をしそうですか。	
③その活動をしたとき，どんなことがおもしろそうですか。	

第二希望の役割 【　　　　　】	
①その役割を選んだ理由，方法	
②役割を担ったときには，あなたは具体的にはどんな活動をしそうですか。	
③その活動をしたとき，どんなことがおもしろそうですか。	

解　説

　ホランドは，経験をもとに「特定の職業環境にいる人は，類似したパーソナリティ特性とパーソナリティ形成を示すものが多い」ことに気づきました。そして，以下のような分類を行っています。

　①人間のパーソナリティは，現実型，研究型，社会型，慣習型，企業型，芸術型
　　に分けられる。
　②職業の環境も，パーソナリティと同様に，現実型，研究型，社会型，慣習型，
　　企業型，芸術型に分けられる。

　つまり，同じパーソナリティタイプの人は，自分のもっている技能や能力が生かされ，自分らしい価値観や態度を表すことができると考えて，同じような職業環境を求める傾向があるという考え方です。

第4章　ライフサイクルから捉える自己　　55

　このワークでは，キャンプの役割の中に，現実型，研究型，芸術型，社会型，企業型，慣習型の役割を作りました。皆さんはどの役割を選びましたか。その選んだ結果を手掛かりに，自分のパーソナリティや職業興味の方向性を探ってみてください。6つのタイプとパーソナリティの特徴は以下の通りとなります。

【6つのタイプとパーソナリティの特徴】

タイプ	特徴
現実型	たとえば，航空機整備員，大工，電気技師などのように，機械や物体を対象とする実際的な仕事を好む。機械を操作したり物を作る能力に恵まれ，パーソナリティは現実的で粘り強く，実際的で控えめで落ち着いている傾向がある。
研究型	たとえば，生物学者，人類学者，科学者，学芸員などのように探索的，研究的仕事を好む。抽象的概念や論理的思考力，数理的能力に恵まれており，パーソナリティは，合理的，分析的で独立心が強く，知的で几帳面で内向的な傾向がある。
芸術型	たとえば，詩人，音楽家，文筆家，俳優などのように，芸術的な仕事を好む。このタイプの人は作文，音楽，美術関係の能力を持ち，独創性や創造力に恵まれる。パーソナリティは繊細で感受性が強く，規則や習慣を重視せず，内向的で衝動的な傾向がある。
社会型	たとえば，教師，カウンセラー，言語治療士などの職業に見られるように，対人的，社会的な仕事を好む。対人接触的，社交的能力を持ち，パーソナリティは協力的で，他人の気持ちに敏感に反応し，洞察力と責任感があって社交的で思いやりがある。
企業型	たとえば，セールスマン，管理職や起業家，テレビプロデューサー等のように，企画や組織運営などの仕事を好む。この型の人は指導力，説得力，表現力に恵まれ，パーソナリティは野心的，支配的であり，積極的で社交性に富む傾向がある。
慣習型	たとえば，公認会計士，公務員，プログラマー，事務員などのように，定まった方式や規則に従い，反復的色彩の濃い仕事を好む。事務処理能力を持ち，パーソナリティは協調的で，自制心にとみ，几帳面で，粘り強く，人の和を重んじる傾向がある。

第Ⅰ部　自己の探究

振り返り

Q1. 自分の第一希望，第二希望はどのタイプになりましたか。自分の結果を手掛かりに，自分のパーソナリティや職業興味の方向性を探ってみてください。

Q2. 自分がどういう理由でそのタイプを選んだか，どのように活動しそうか，その役割で何がおもしろそうか，という記述内容を分析してみましょう。

　　　　　　　　　　ディスカッションのポイント！

1. 自分のアイデンティティ・ステイタスを、「職業」や「価値観」という領域に関して「危機」と「傾倒」を基準に考えてみましょう。
2. キャリアにおいて，自分は何に価値を置き，どのように選択しようと考えますか。具体的に考えてみましょう。

　　　　　　　　　　今後の学習に役立つ参考文献

無藤隆・高橋恵子・田島信元（編）(1990)．発達心理学入門Ⅰ　東京大学出版会．
小野田博之（2005）．自分のキャリアを自分で考えるためのワークブック　日本能率協会マネジメントセンター．
小野寺敦子（2009）．手にとるように発達心理学がわかる本　かんき出版．
下山晴彦（編）(1998)．教育心理学Ⅱ：発達と臨床援助の心理学　東京大学出版会．

コラム2　血液型とパーソナリティ

　皆さんは，血液型から人のパーソナリティが分かると信じているでしょうか。血液型には，ABO式といった，いわゆるA型，B型，O型，AB型の4つのタイプが在ります。これら4つに分類する基準は，赤血球膜上の凝集原のタイプの違いといった生物学的な違いによるところが大きいのですが，その違いに，パーソナリティの気質が関連していると考える人は，少なくありません。特に，日本人は，血液型とパーソナリティの関連性について，血液型気質論や血液型性格判断と称して，疑わない人も多いといわれています。

コラム 2　血液型とパーソナリティ　　57

　本邦において，血液型とパーソナリティの基盤とされる気質との関連について注目される契機となったのは，東京女子高等師範学校（現在のお茶の水女子大学）で当時教授だった古川竹二による「血液型による気質の研究」という，雑誌「心理学研究」に発表された論文にあります（古川，1927）。その後，1932 年に発行された彼の著書である『血液型と気質』は，当時のベストセラーとなり，一気に一般社会にもこの考えが広まりました（古川，1932）。たとえば，"外交官にはO型の人材が望ましい"といった見解が出たりと，軍人や国の役人の採用人事にも，血液型と気質による知見を活用した歴史もあるほどです。その一方で，その後の多くの追試において，実証性に乏しいといった反論が出てきたことで，古川の主張はわずか 10 年ほどで下火となり，血液型と気質の関連性への社会的関心は次第に薄れていきました。

　しかしながら，1970 年代に入り，能見正比古の『血液型でわかる相性』が新たに出版されたことで（能見，1971），"血液型とパーソナリティには関連がある"といったある種の固定観念が日本社会に浸透し，その流行は今なお続いているともいえます。このように，人をいくつかのタイプに分けて，パーソナリティを理解しようとする類型論（詳しくは，第 3 章を参照）の一種のように，血液型を捉える考え方が広く市民権を得てきたわけですが，2000 年に入っても止まない血液型とパーソナリティの関連説に一石を投じる形で，科学的根拠には乏しいことを証明する大規模調査が実施されました。縄田（2014）は，1 万人以上の日本人とアメリカ人を対象に，血液型とパーソナリティの関連性を調べ，その結果，それらの関連性はほぼゼロであるというエビデンスを，厳密な統計学的手法を用いて示しています。また，血液型とパーソナリティに関連があるといった考えに触れることで，結果的に血液型とパーソナリティに相関が見られるようになるという示唆（Sakamoto & Yamazaki, 2004）についても，否定的な結果を得ています。

　それでもなお，このような結果を信じ難いという人もいるかもしれません。しかし，血液型という色眼鏡によって，人を理解しようとすることは，本来その人が持っている多様性を見失うばかりか，自身の対人関係の在り方を歪めてしまう可能性が高まることを知っておく必要性があるといえるでしょう。

第 II 部

自己と適応

　私たちは，社会とのつながりなくして生きることはできません。また，自身が置かれている社会的環境の中で，うまくなじみたい，あるいは，問題なく心穏やかに過ごしたいと思っている人がほとんどではないでしょうか。このように，ある環境の中で個体が調和を図るプロセスのことを，適応といいます。この調和が崩れ，不均衡状態に陥った場合には，心身に不調を来たす不適応な状況となります。第 II 部では，ストレスと心の病，不安，抑うつ，睡眠といった私たちの心身の適応に関連のあるテーマについて学び，自分自身の適応について考えてみたいと思います。

61

第5章 ストレスと心の病：ストレス理論，ストレスコーピング，ストレスに関連する心の病

1. ストレスとは

(1) 青年期の悩みや心配事とストレス

　近年の情報化や社会構造の著しい変化により，大学生の生活も急速に変わりつつあります。図 5-1 は，内閣府が 18 歳から 24 歳までの青年を対象に行った悩みや心配事の有無について尋ねた調査の結果です。1998 年は「悩みや心配ごとはない」が 3 割を超えていましたが，2007 年はそれ以前の調査と同様の水準となっており，約 8 割の青年が何かしらの悩みや心配ごとを抱えていることがわかります。その内容として，「お金のこと」「就職のこと」「仕事のこと」はいずれの時期においても比較的上位にあります。特に 2007 年ではその他の項目との間に顕著な差が見られることから，近年は青年期において将来や経済的な面での心配を抱えている傾向にあることがうかがえます。これらの結果から，社会的な変化が青年期の悩みや心配ごとの内容とその割合の変化に影響を与えていると考えられます。

　また，大学生は発達段階における青年期から成人期に移行する時期にあります。自我同一性の確立といった発達課題を乗り越えていく段階でもあり，自分自身や将来に対する悩みや心配ごとを経験しやすい時期でもあります。これらの問題と向き合う経験は，自己を形成していく上での大切なプロセスでもあるのです。しかし，悩みや心配ごとを抱えることは，ストレスの問題と深く関係してくることがあります。本章では，ストレスについての理解を深め，多様なストレスとの上手な付き合い方について考えてみましょう。

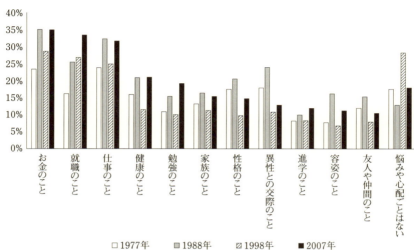

図 5-1　青年期における悩みや心配事の有無（内閣府，2009）

(2) ストレス

　ストレスとは，もともとは工学領域の用語で，圧力や圧迫を意味します。たとえば，ゴム製のボールを指で押して圧力を加えると，ボールは歪んだ状態になります。これがストレスのかかった状態です。外からかかる圧力や刺激のことをストレス要因（ストレッサー）といいます。この時，ボールには歪んだ状態から元の状態に戻ろうとする力が生まれますが，反発する力が強かったり，ボールに弾力性があればストレッサーからの影響は受けにくくなります。これがストレス耐性にあたります。そして，ストレッサーによって生じたボールの歪みがストレス反応ということになります。

　セリエ（Selye, 1936）は，生体に有害刺激が与えられると，ストレッサーの種類に関係なく，副腎皮質の肥大，胸腺・リンパ系の委縮，胃・十二指腸の出血や潰瘍といった共通した身体の反応が引き起こされることを見出し，これを汎適応症候群（general adaptation syndrome: GAS）としました。さらに，セリエは，生体がストレッサーにさらされ続けると，時間の進行に伴い，次のような

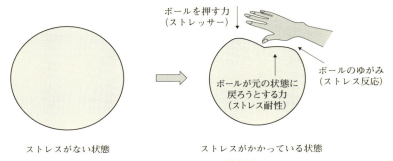

図 5-2　ストレスの概念図

生理学的な変化の 3 過程を経ることを明らかにしました (Selye, 1946)。

①警告反応期
　ストレッサーが与えられると,そのことを知らせるための初期反応が起こります。まず,この時期では,体温・血圧の低下や白血球の減少といった身体の抵抗力が低下するショック相が生じ,その相を経ると,体温・血圧の上昇や白血球の増加といった身体の抵抗力が高まり始める反ショック相が生じます。これはストレッサーに対する防衛反応であり,ストレッサーに対抗するための準備が整えられます。

②抵抗期
　ストレッサーが持続する場合,反ショック相で高まり始めた抵抗力は正常時を上回って増加し,その状態が維持されます。すなわち,抵抗期ではストレッサーに抵抗して一定の安定状態が保たれることになります。

③疲憊（ひはい）期
　抵抗期が過ぎてもストレッサーが持続すると,再び抵抗力は低下し,ショック相の様相が生じます。身体がストレッサーにさらされ続け耐えられなくなると,さまざまな疾患にかかる可能性が高まります。
　ストレッサーに遭遇したとしても,抵抗期において身体がストレッサーに打

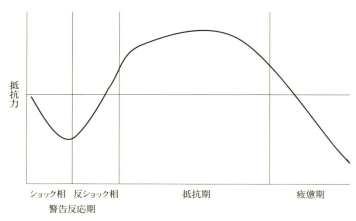

図5-3 汎適応症候群の生理変化の3過程

ち勝つことができれば，生理的な反応は徐々に通常時の状態に戻っていきます。しかし，ストレッサーが強大なものであったり，慢性的に持続することは，身体的な不健康をもたらしたり，時には心の健康にも影響を及ぼすことがあります。私たちは生きている限り，日々さまざまなストレッサーに遭遇しますし，中には避けることができないストレッサーもあります。ただし，ストレスのメカニズムを知り，対処の仕方を工夫することで，ストレッサーに遭遇してもその衝撃や影響をやわらげたり，心身の健康を守るための予防的な対応を取ることはできます。ストレスによって生じた反応や症状を改善することも可能です。また，ストレスは必ずしも悪いことばかりを引き起こすものではありません。適度なストレスは，時に私たちの刺激となってパフォーマンスを高めたり，心身の健康に良い効果をもたらすこともあるのです。したがって，ストレスを過度に恐れたり避けたりするのではなく，ストレスについて正しく理解し，まずは自分自身の心身の状態に気づけるようになることが大切です。

(3) ストレッサーの種類

　私たちにストレスの問題をもたらすストレッサーの内容は実にさまざまです。主には次のように分類されます。

①物理的ストレッサー

温度，音，光などのように外的な環境から与えられる物理的な刺激をいいます。たとえば，天候や気温，気圧，日照など自然環境から受けるものや，騒音や振動，室温，湿度，明るさ，暗さといった生活環境の中で経験されるものもあります。

②化学的ストレッサー

化学的な物質や薬物などによる外的な刺激をいいます。たとえば，光化学スモッグ，空気汚染，水質汚染といった公害や異臭，悪臭などがあげられます。また，医薬品や食品添加物，タバコ，アルコールなども化学的ストレッサーといえます。

③生物的ストレッサー

細菌やウイルス，ダニ，花粉などのアレルゲンといった外的な刺激があげられます。また，疲労や食欲不振，睡眠不足，怪我，身体疾患といった身体的な変調といった内的な要因もストレッサーとなりますが，これらは身体的（生理的）ストレッサーとして分類されることがあります。

④心理・社会的ストレッサー

これらは次の2種類に大別されます。1つは，人生において遭遇する生活上の重大な出来事（ストレスフル・ライフイベント）によるストレッサーです。たとえば，ホームズとレイ（Holmes & Rahe, 1967）は，43種類のストレスフル・ライフイベントを取り上げて，社会的再適応評定尺度を作成しました。これはそれぞれのイベントによって引き起こされた生活環境上の変化に再び適応するまでに要する労力などの程度を，生活変化指数という数値にしたものです（表5-1）。ホームズとレイの研究では，過去1年にその指数の合計が300以上になると，重大な健康上の問題が生じることや何らかの疾患に罹患する可能性が高まることが報告されています。もう1つは，日常生活のいらだちごと（デイリーハッスル）によるストレッサーです。たとえば，学校・職場・家庭といった特定のコミュニティでの人間関係上の問題や生活上の忙しさ，役割上の責任の

表 5-1　社会的再適応評定尺度（Holmes & Rache, 1967）

生活の出来事	生活変化指数	生活の出来事	生活変化指数
1) 配偶者の死	100	23) 子どもが家を離れること	29
2) 離婚	73	24) 親戚とのトラブル	29
3) 夫婦の別居	65	25) 個人的な成功	28
4) 服役	63	26) 妻の就職や退職	26
5) 近親者の死	63	27) 就学・卒業	26
6) けがや病気	53	28) 生活条件の変化	25
7) 結婚	50	29) 個人的習慣の変化	24
8) 失業	47	30) 上司とのトラブル	23
9) 夫婦の調停	45	31) 労働条件の変化	20
10) 退職	45	32) 転居	20
11) 家族の健康状態の悪化	44	33) 転校	20
12) 妊娠	40	34) レクリエーションの変化	19
13) 性的困難	39	35) 教会活動の変化	19
14) 新たな家族の増加	39	36) 社会活動の変化	18
15) 仕事上の再適応	39	37) 少額のローン	17
16) 経済状態の悪化	38	38) 睡眠習慣の変化	16
17) 親しい友人の死	37	39) 団らんする家族の数の変化	15
18) 転職	36	40) 食習慣の変化	15
19) 夫婦の口論回数の増加	35	41) 長期休暇	13
20) 多額のローン	31	42) クリスマス	12
21) 担保，貸付金の損失	30	43) 些細な法律違反	11
22) 仕事上の責任の変化	29		

重さといった心理的負担もあげられます。

　また，①から③のようなストレッサーにさらされ続けることで常態的な苛立ちを経験することも含まれます。ストレスフル・ライフイベントは，生活上の重大な出来事によって生活が変わり，新たな環境への再適応が負担をもたらすのに対し，デイリーハッスルは，出来事の重大さや生活環境上の変化の程度は低くとも，日常生活において頻繁に経験する嫌悪的な出来事であり，むしろ状況が変化せずに慢性的，持続的な要因であることが心理的な負荷をもたらすといえます。

(4) 大学生特有のストレッサー

　高比良（1998）は，大学生が日常生活でよく経験すると思われるライフイベ

ントをネガティブ，ポジティブに分類し，過去3カ月のそれらの経験頻度を測定する尺度を開発しています。中でも，対人領域（友人，家族，恋人，仲間など）と達成領域（勉強，授業，試験，課題，仕事，習い事など）という2つのライフイベントの領域に焦点があてられています。調査の結果，ネガティブなライフイベントの経験数が多いほどうつ傾向が高く，ポジティブなライフイベントの経験数が多いほど人生に対する肯定的な評価や自尊感情が高いことがわかりました。また，嶋（1999）は，大学生の日常生活ストレッサーを測定する尺度を開発しており，自己に関するストレッサー（「自分の将来についての不安」「自分の性格が気に入らないこと」など），対人関係に関するストレッサー（「他人から不愉快な目にあわされたこと」「嫌いな人ともつきあわなければならないこと」など），学業に関するストレッサー（「成績が思わしくないこと」「レポートやゼミの準備が大変なこと」など），身体に関するストレッサー（「体の調子がよくないこと」「身体的な疲れ」など）の程度を測定することができます。低学年ほど学業面でのストレッサーを感じていることや，対人関係のストレッサーは2年生が1年生と4年生より高いことから，サークル等での中間的な立場における気苦労の多さがあることが推測されています。また，自己に関するストレッサーは，3年生が2年生より高く，進路決定の時期に自己の姿と直面することを迫られていることがうかがえました。さらに，対人関係と自己に関するストレッサーは，不安やうつに結びつきやすいことも報告されています。これらのことから，大学生特有のさまざまなストレッサーは，その内容や経験される時期によって，心の健康状態に異なる影響を及ぼすといえるでしょう。

2. ストレスコーピング

(1) 心理学的ストレスモデル

　セリエが有害なストレッサーに対する生理的な反応をストレスと捉えていたのに対し，ラザルスとフォルクマン（Lazarus & Folkman, 1984）は，環境から与えられるストレッサーと個人の反応の相互作用からストレスを捉え，心理学的なストレスモデルを提唱しました（図5-4）。

　まず，ストレッサーに遭遇すると，個人はその刺激に対して認知的評価を行

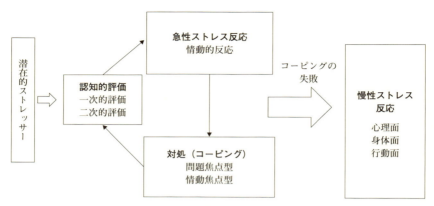

図 5-4　ストレスモデルの概略図（島津，2006 を基に著者が作成）

います。これには，一次的評価と二次的評価という 2 つの評価の段階があります。一次的評価では，そのストレッサーがその個人にとって，どの程度「重要な意味をもつか（関係性）」，「害や脅威をもたらす，あるいはもたらしているか（脅威）」，「対処努力を必要とするか（挑戦）」という 3 つの評価に区別されます。二次的評価では，この状況を切り抜けるために「何ができるか」「どのような対処方法がとれるか」「その対処方法はうまくやり遂げることができそうか」といったコントロール可能性についての評価を行い，対処の見通しを立てます。すなわち，ストレッサーが直接的にストレス反応を引き起こすわけではなく，認知的なプロセスがストレスを高めるか否かに影響します。また，問題の重要度が高く，脅威的で挑戦を必要とし，うまく対処することができそうにないと評価され，ネガティブな情動的反応が喚起されると，その問題はストレッサーということになります。図 5-4 の潜在的ストレッサーとは，そのような意味を含んでいます。

　こうした評価の過程を経て，個人は喚起された情動的反応を低減させるために何らかの方略をとります。このあらゆる方略のことを，コーピング（対処）といいます。コーピングが功を奏し，問題の改善や喚起された情動的反応の低減などにつながると，ストレスフルな事態は解消されていきます。しかし，コーピングが効果的に作用せずストレスフルな事態が持続すると，心理，身体，

行動面にさまざまなストレス反応をもたらすことになります。

(2) ストレスコーピングの分類

　前述のラザルスとフォルクマン（Lazarus & Folkman, 1984）では，コーピングを次の2種類に分類しています。1つは，問題焦点型コーピングといいます。これは，環境からの刺激や自分自身の内部で生じた問題，すなわちストレッサーに直接的に働きかけて，解決するために行われる対処が含まれます。「原因がどこにあるかを明確にすること」や「その問題を解決するための計画を立て実行すること」「その問題に詳しい人に相談して情報を得ること」などがあります。もう1つは，情動焦点型コーピングというものです。これはストレッサーに直接働きかけるのではなく，ストレッサーによって喚起された不安や怒りなどの情動的な反応による苦痛を低減させるために行われる対処が含まれます。たとえば，「嫌なことを考えないようにすること」や「楽観的に考えること」「一時的に問題を放置すること」「人に悩みを話して心を静めること」「気晴らしになる行動をすること」「リラクセーションを行うこと」などがあります。

　問題焦点型と情動焦点型のコーピングは，お互いに促進したり抑制したりするものです。たとえば，人前での発表が不安な人は，まず何度か深呼吸をするといった情動焦点型の対処をすることで緊張がやわらいでいくと，次第に原稿を冷静に見ることができたり，実際に声に出して読む練習をするなどの問題焦点型の対処を効果的に行っていくことができるでしょう。また，これらのコーピングは，同時に行われることもあれば一方だけが選択され実行されることもあります。たとえば，ある科目で明日急きょテストが行われることになったとします。もし自分は少し勉強すれば合格点が取れると判断すれば，勉強時間を確保するために今日の過ごし方の計画を立てたり，実際に時間を決めて勉強するといった行動を取るでしょう。一方で，今から勉強しても到底合格点は取れないと判断すれば，「まぁいいか」と考えたり，諦めて好きなゲームをして気分転換をはかるなど，今の情動的な苦痛をやわらげようとする対処をとりやすいのではないでしょうか。すなわち，前者のようにその状況が自分自身でコントロール可能であると評価された場合には，問題焦点型コーピングを使用する

頻度が高まり，後者のように状況がコントロール不可能であると評価された場合には，情動焦点型コーピングを用いる頻度が高まると考えられます。実際には問題の内容や状況に応じて，双方のコーピングを使い分けながらストレスを処理していますが，用いるコーピングが適切であることやコーピングに多様性・柔軟性があること，コーピングのバランスが取れていることなどがストレスの軽減には効果的であるといえます。

3. ストレスに関連する心の病

(1) 心身症とは

　ストレッサーによる負担が過度なものであり，コーピングによって適切に処理されず，心の健康状態が悪化すると，心の病が引き起こされるリスクが高まります。また，心の病は単に心の不調をもたらすだけではなく，さまざまな身体疾患を引き起こす要因になることがあり，その発症や経過に心理社会的因子が密接に関与していることが認められる身体疾患は「心身症」と呼ばれます（表5-2）。たとえば，胃潰瘍であってもピロリ菌陽性により罹患した場合は心身症には該当しませんが，仕事の多忙さや人間関係の悩みなどによる心理的負荷がかかったことで罹患した場合には，心身症の胃潰瘍ということになります。よって，後者の場合は，胃潰瘍の症状に対する治療だけではなく，その発症や維持の要因となった心理的，環境的な要因（ストレッサー）を改善させることや，コーピングスキルを高めるためのアプローチも必要であり，それらが再発の予防にもなります。

(2) ストレスから心と身体を守る対策

　ここまで見てきたストレスのメカニズムについて理解を深め，自分のストレスに対する傾向と対策を考えることは，自分自身の心と身体を守ることにつながります。以下のポイントを参考に，自分なりの対策を考えてみましょう。

①ストレッサーを除去，低減させる

　まずは，自分が遭遇している問題，ストレッサーに気づき，その内容を明確

第5章　ストレスと心の病　　　71

表 5-2　心身症としての配慮が必要な主な身体疾患（桂（1999）を基に作成）

呼吸器系	気管支喘息，過換気症候群，慢性閉塞性肺疾患など
循環器系	本態性高血圧症，本態性低血圧症，冠静脈疾患（心筋梗塞，狭心症），一部の不整脈，起立性調節障害など
消化器系	胃・十二指腸潰瘍，慢性胃炎，過敏性腸症候群，潰瘍性大腸炎，慢性肝炎など
内分泌代謝系	甲状腺機能亢進症，糖尿病，肥満症，神経性食欲不振症（拒食症），神経性大食症（過食症）など
神経・筋肉系	筋収縮性頭痛，片頭痛，慢性疼痛，書痙，自律神経失調症，痙性斜頸など
皮膚科領域	慢性じんましん，アトピー性皮膚炎，円形脱毛症，多汗症，皮膚搔痒など
整形外科領域	慢性関節リウマチ，全身性筋痛症，腰痛症，肩こり，痛風など
泌尿・生殖器系	夜尿症，遺尿症，神経性頻尿，心因性インポテンツなど
産婦人科領域	月経痛，月経前症候群，月経異常，続発性無月経，卵巣機能低下，更年期障害，不妊症，不感症など
眼科領域	原発性緑内障，眼精疲労，本態性眼瞼痙攣，視力低下，視野狭窄，飛蚊症など
耳鼻咽喉科領域	耳鳴り，心因性難聴，アレルギー性鼻炎，慢性副鼻腔炎，咽喉頭異常感症，メニエール病など
歯科・口腔外科領域	顎関節症，口腔乾燥症，突発性舌痛症，口内炎など

かつ具体的にしてみます。そして，環境を変えることで問題が改善されるか否かを考えてみましょう。

②コーピングスキルを高める

　自分自身が遭遇している身近な問題をあげて，それに対して自分がどのように考え，感じ，行動をとったか（あるいは，とっているか）を書き出してみることで，自分の日ごろのコーピングの取り方を振り返ることができます。また，次ページのワーク6に掲載されているような対処方略の測定尺度を使うことは，自分のとっているコーピングの傾向を客観視することに役立ちます。コーピングのバランスが取れているか，多様性・柔軟性があるか，などの視点からも眺め，さらにコーピングスキルを高めていきましょう。

③ソーシャルサポートを活用する

　問題に遭遇したときには，ひとりで抱え込みすぎないことが大切です。気軽に相談できる人や機関を見つけ，困ったときには上手に人の力を借りるコーピ

72　　　　　　　　　　　第Ⅱ部　自己と適応

ングも取り入れていきましょう。

④ストレス反応を軽減させる

　ストレッサーによって引き起こされた生理的反応や情動的反応は，持続すると健康状態を悪化させていきます。これらの反応を和らげるためには，たとえば，リラクセーションスキル（詳細は，第13章を参照）を習得したり，自分の心身をゆっくりと休ませる時間や環境を意識的に作る工夫をしてみると良いでしょう。

ワーク6　自分のストレスコーピングの傾向を知ってみよう ❈❈❈❈❈❈❈❈

1.「3次元モデルに基づく対処方略尺度（TAC-24：Tri-Axail Coping Scale）」（神村・海老原・佐藤・戸ヶ崎・坂野，1995）に回答し，得点を計算します。

2. 次ページの1から24の考え方や行動について，あてはまるものを下の1から5の中から選んでください。

3. ストレッサーへの関わり方（接近―回避），対処の目標（問題焦点―情動焦点），用いられる心理機能（認知―行動）という3つの軸の内容で得点に偏りはないかを確認します（たとえば，情動焦点の得点の方が高い傾向にある，など）。また，8種類の対処の分類のうち，表5-3の平均点なども参考にしながら得点が高いところ（よく使っている対処）と低いところ（あまり使っていない対処）は何かを確認します。

TAC-24

　精神的につらい状態に遭遇したとき，その場を乗り越え，落ち着くために，あなたは普段から，どのように考え，どのように行動するようにしていますか。最も当てはまるものに○をつけてください。

1　そのようにしたこと（考えたこと）はこれまでにない。今後も決してないだろう。
2　ごくまれにそのようにしたこと（考えたこと）がある。今後もあまりないだろう。
3　何度かそのようにしたこと（考えたこと）がある。今後も時々はそうするだろう。
4　しばしばそのようにしたこと（考えたこと）がある。今後もたびたびそうするだろう。
5　いつもそうしてきた（考えてきた）。今後もそうするだろう。

1	悪いことばかりではないと楽観的に考える	1	2	3	4	5
2	誰かに話を聞いてもらい気を静めようとする	1	2	3	4	5
3	嫌なことを頭に浮かべないようにする	1	2	3	4	5
4	スポーツや旅行などを楽しむ	1	2	3	4	5
5	原因を検討しどのようにしていくべきか考える	1	2	3	4	5
6	力のある人に教えを受けて解決しようとする	1	2	3	4	5
7	どうすることもできないと解決を後延ばしにする	1	2	3	4	5
8	自分は悪くないと言い逃れをする	1	2	3	4	5
9	今後は良いこともあるだろうと考える	1	2	3	4	5
10	誰かに話を聞いてもらって冷静さを取り戻す	1	2	3	4	5
11	そのことをあまり考えないようにする	1	2	3	4	5
12	買い物や賭事，おしゃべりなどで時間をつぶす	1	2	3	4	5
13	どのような対策をとるべきか綿密に考える	1	2	3	4	5
14	詳しい人から自分に必要な情報を収集する	1	2	3	4	5
15	自分では手に負えないと考え放棄する	1	2	3	4	5
16	責任を他の人に押し付ける	1	2	3	4	5
17	悪い面ばかりでなく良い面を見つけていく	1	2	3	4	5
18	誰かに愚痴をこぼして気持ちをはらす	1	2	3	4	5
19	無理にでも忘れるようにする	1	2	3	4	5
20	友達とお酒を飲んだり好物を食べたりする	1	2	3	4	5
21	対処できない問題だと考えあきらめる	1	2	3	4	5
22	過ぎたことの反省をふまえて，次にすべきことを考える	1	2	3	4	5
23	既に経験した人から話を聞いて参考にする	1	2	3	4	5
24	口からでまかせを言って逃げ出す	1	2	3	4	5

● ストレッサーへの関わり方　（接近 E―回避 A）
● 対処の目標　　　　　　　　（問題焦点 P―情動焦点 E）
● 用いられる心理機能　　　　（行動系 B―認知系 C）

項目番号				項目番号			
6，14，23	情報収集	EPB	点	5，13，22	計画立案	EPC	点
2，10，18	カタルシス	EEB	点	1，9，17	肯定的解釈	EEC	点
8，16，24	責任転嫁	APB	点	7，15，21	放棄・あきらめ	APC	点
4，12，20	気晴らし	AEB	点	3，11，19	回避的思考	AEC	点

第Ⅱ部　自己と適応

表5-3　TAC-24 の平均点と標準偏差（神村ら，1995）

	男　性		女　性	
	平　均	標準偏差	平　均	標準偏差
カタルシス	10.27	2.74	11.28	2.76
放棄・あきらめ	6.87	2.50	6.80	2.16
情報収集	11.64	2.68	11.58	2.64
気晴らし	9.41	2.71	9.34	2.61
回避的思考	8.71	2.30	8.48	2.23
肯定的解釈	11.25	2.37	11.39	2.30
計画立案	11.34	2.49	10.93	2.44
責任転嫁	6.52	2.45	6.20	2.01

ディスカッションのポイント！

1. TAC-24 は，①ストレッサーへの関わり方（接近―回避），②対処の目標（問題焦点―情動焦点），③用いられる心理機能（認知―行動）という3つの次元から構成されています。そして，各次元の内容の組み合わせから8種類のコーピングに分類されています。たとえば，「カタルシス」とは，誰かに話を聞いてもらって気持ちを和らげるような対処です。ストレッサーのことを考え，話している点で「接近」的であり，話すという「行動」によって，不快な情動の低減へとつながる「情動焦点」型の対処とされます。どのコーピングが良い，悪いと判断するのではなく，2節の（2）ストレスコーピングの分類で述べたように，自分のコーピングの傾向に多様性があるか，コーピングのバランスが取れているか，といった観点から振り返ります。今後ストレスを感じた時には，今回の得点が低かった，あまり取り入れていない対処もぜひ試してみましょう。同じ種類の対処ばかりに固執せずに，問題や状況に応じて，様々な対処を柔軟に取り入れていくことが大切です。
2. 隣の人と結果を共有して，お互いに感想を述べ，自分のコーピングの傾向について理解を深めましょう。

今後の学習に役立つ参考文献

小杉正太郎（編）（2006）．朝倉心理学講座19 ストレスと健康の心理学　朝倉書店.

足立總一郎・足立昇平・中尾睦宏・城月健太郎（2016）．自分で「ストレスケア」ができる本　図解＋書き込み イメージでつかめる「うつ」と「不安」ブックビヨンド.

コラム 3　怒りとうまくつき合うために

　「今まで怒りを感じたことがない」という方は，果たしているでしょうか。実際，日本人の成人と大学生の約 8 割が，1 週間で少なくとも 1 回以上は怒りを経験していることが分かっています（大渕・小倉，1984）。それほど私たちにとっての怒りとは，身近な感情の一つといえます。怒りには，自分の権限が侵害されることへの防衛という機能が備わっています。したがって，自分が大切にしている事柄が侵されたと感じる時に経験される怒りは，自然な感情なのです。

　ところが，怒りを感じることと，攻撃的な反応は混同されやすいため，怒りは避けるべきだという考え方が一般的です。しかし，怒りを感じたからといって，いつも攻撃的に振舞うとは限らないことは，自分自身の体験からもお分かりになると思います。怒りの表し方は，個人によって異なります。感じた怒りをそのまま表出するタイプ，逆に，抑制するタイプ，そして，感じた怒りをうまく和らげるタイプです（鈴木・橋本・根建・春木，2001）。一説には，頻繁に怒りを表出する人は，冠動脈疾患にかかりやすく（鈴木・春木，1994），逆に，抑制する人と高血圧の高さに関係がある（Fredrikson & Matthews, 1990）ことが分かっています。怒りを感じたとしても，それを適切に対処していくことは，心身の健康にとっても大切です。

　ここで，怒りに対処するためのポイントを挙げてみます。まず，怒りを感じた時に思い出したい大切な視点として，「誰かがあなたを"怒らせた"わけではなく，あくまでも自分自身の感情だ」ということです。また，怒りを感じ始めた時の自身の最初の徴候を知っておくことです。たとえば，「震える」「歯を食いしばる」「大きな声がでる」「カーとする」といった生理的・身体的反応です。それらに気がつけば，気を落ち着けて，どうするかの選択肢を思い出すことができます。

　その上で，怒りが自分の手に負えなくなりそうだと気づいたら，自分を一度その状況から引き離してみます。これは状況から逃げるということではなく，別の角度から状況に対処し直す機会を得ることを意味します。さらに，自分が相手に伝えたいメッセージを適度に主張できれば，不当に侵害されたと感じる場面が減ってきて，腹を立てる状況を未然に防げるようになります（詳しくは，第 12 章参照）。主張するのは難しいという方は，怒りを感じた場面で感じたことや考えた内容を，3〜4 日間連続で，1 日 15 分程度，紙に筆記したり（e.g., 遠藤，2009），怒りを感じた相手に架空の手紙を書くこと（e.g., 金築・金築，2016）もお勧めです（詳しくは，第 11 章を参照）。これらの方法を用いることで，怒りに対処する力が高まります。まずは，ご自分が怒った時の様子から，振り返ってみてはいかがでしょうか。

第6章　不 安

1. 不安とは

　日常生活において，誰しも経験する身近な感情の一つに不安があります。たとえば，「試験に落ちたら，どうしよう」と心配したり，みんなの前で発表する際に緊張する経験は，決してめずらしくありません。一方で，不安が強まり過ぎて，長続きすることによって，不安症と呼ばれる精神疾患を抱える人もいます。本章では，どのような不安症があるのかを紹介した上で，心理学において，不安がどのように研究されてきているかを述べます。

　まず不安と一言でいっても，その表れ方は様々です。筋肉の緊張，心拍数の上昇，発汗といった身体反応が出ることがあります。また，「どうにかなってしまいそう」「うまくできない」といった考えの偏りが出たり，その場から逃れるために立ち去るといったように，振る舞い方に不安が表れたりします。このように不安は幅広い現象であり，その表れ方も人によって異なります。

　これらの不安は，人が何らかの危険を察知したときに，その危険を避けるために生じる自然な反応です。もし私たちが，まったく不安を感じられなくなってしまったら，どうなるでしょうか。おそらく事故や怪我が絶えなくなり，命を守ることが難しくなることでしょう。不安は，人間にとって有益な面もあるのです。ただ，人によっては，不安が強くなりすぎて，不安症を抱える人もいます。アメリカ精神衛生研究所（2005）が，一生のうちで一度でも不安症になったことがある人は，全人口の28.8%であるというデータを出しています。また，不安症は，女性が男性よりなりやすい病気とされています。

2. 様々な不安症

　不安症にも，様々なタイプがあります。アメリカ精神医学会による精神障害の分類と診断の手引き（Diagnostic and Statistical Manual of Mental Disorders 5th edition: DSM-5; American Psychiatric Association, 2013）では，分離不安症，選択性緘黙，限局性恐怖症，社交不安症，パニック症，広場恐怖症，全般不安症，物質・医薬品誘発性不安症，他の医学的疾患による不安症などが「不安症群」というグループの中に含まれています。ここでは，社交不安症，パニック症，広場恐怖症，全般不安症を取り上げます。

(1) 社交不安症

　社交不安症とは，他者から見られる可能性のある状況について顕著な恐怖や不安を感じることです。この恐怖や不安を感じる状況は，他者と関わる状況や，他者から見られる状況，他者の前で何かを行う場面などさまざまです。たとえば，「人前で書いたり，食べたりすること」「会議」などの状況があります。また，名前や顔を知っている程度の知り合いである「半知り」の人のいる状況や雑談をする状況で，強い不安を感じる人もいます。こうした苦手な社会的状況において，ほとんど必ずといっていいほど不安が生じて，なおかつその傾向が6カ月以上持続することが，社交不安症の診断に必要となります。たとえば，大勢の前での発表場面で不安を感じたとしても，それが一過性のものであれば，社交不安症とはいえず，自然な心理的反応といえます。

　社交不安症は，自分のやり方や不安の症状によって「否定的な評価への恐れ」を強く感じることが特徴であると指摘されています。たとえば，「私はつまらない人間だ」「人から嫌われている」「自分が不安になっていることを他の人は分かっている」などといった考えが社会的状況で浮かんできて，苦痛を感じます。そして，社会的状況を避けるようになり，日常生活に支障をきたすようになります。

第6章 不 安　　79

(2) パニック症と広場恐怖症

　パニック症では，本人にとって何でもないような場所や状況で，パニック発作が出現します。パニック発作とは，数分以内にその頂点に達する，突然の身体感覚です。たとえば，動悸，心拍数の増加，発汗，震え，息苦しさ，めまい，胸痛，吐き気等です。こうしたパニック発作が予期せず繰り返し生じるだけでなく，「また発作が起こるのではないか」「発作によって死んでしまうのではないか」といったような心配が続き，生活に支障が出てくると，パニック症の診断がなされます。

　パニック症は，強い恐怖を感じますから，パニック発作が起きそうな場所に行けなくなったり，行けたとしても強い恐怖を抱き続けるようになることがあります。そのようになると，広場恐怖症の診断がなされます。パニック症の3〜5割は，広場恐怖症を持つとされています。広場恐怖症では，地下鉄などの公共交通機関，スーパーマーケット，映画館，混雑したところや外出先において，1人でいるときなどの状況で，恐怖や不安を体験します。それらの状況において，もしパニック発作が起きたら，逃げることができない，助けてもらえないかもしれない，恥ずかしい目にあってしまうかもしれないと心配し，それらの状況を回避するようになります。

(3) 全般不安症

　全般不安症では，先々のことについて悪い方向に考えるのを止められなくなります。心配の内容はさまざまで，上記の社交不安症やパニック症のように特定のテーマに絞られているわけではありません。たとえば，テレビで交通事故のニュースを見て，「もし家族が事故に遭ったらどうしよう」と心配し，眠れずに考え続けたりすることがあります。このように，未来の心配に囚われてしまうことが特徴です。

　以上のように，不安症には様々ありますが，不安や恐れの気持ちが強く，そのために，逃げたり，避けたりすることがあり，その結果，日常生活に支障をきたしていることが共通しています。

3. 不安に関する研究の変遷

　不安の心理学的理論には様々なものがありますが，ここでは2つの異なる理論における歴史に触れます。1つは，不安の心理学的理論の発展に影響を与えた不安への精神分析アプローチであり，もう1つは，不安への認知行動アプローチです。

(1) 不安への精神分析アプローチ

　精神分析の創始者であるフロイトは，早くから不安の問題を臨床における問題として取り組んできました。フロイト（Freud, 1895）は，著作「不安神経症という特定症状群を神経衰弱から分離する理由について」において，不安神経症という疾患単位を提唱しており，その臨床像を精密に記述しています。不安神経症を構成する症状は，①全般的な刺激性，②不安に満ちた期待，③不安発作，④めまい，⑤身体症状の5つに分類されます。この不安神経症という疾患は，上述したパニック症と全般不安症に相当する状態の両方を指すものであったと考えられ，フロイトによる不安神経症の考察は，不安の理解に非常に大きな影響を与えています。

　フロイトは，不安を，現実不安と神経症的不安の2つに区別しています。現実不安とは，危険に対する不安であり，実際にその危険性が現実に存在する場合に生じる不安です。この不安は，危険から逃れようとする反応と結びついています。ですので，現実不安は自己を守ろうとする欲求の現われといえます。一方，神経症的不安とは，危険がほとんど何の役割も果たさないにも関わらず，本人が抱く不安感が尋常でない場合を意味します。

　フロイトの初期の理論においては，リビドーと呼ばれる性的エネルギーが抑圧されて，不安が生じると考えられていました。しかし，彼は後の1926年の著作「制止，症状，不安」において，自我が不安を感じ取ることによって抑圧が発動すると考えるようになりました（Freud, 1926）。抑圧とは，**防衛機制**の一種です。防衛機制とは，危機的状況に対して心理的に自分を守る心の働きを意味します。その防衛機制の中でも，抑圧は，意識するとあまりに苦しい葛藤

第6章　不安　　　　　　　　　　　81

的な記憶や感情を，意識の外に追い払ってしまおうとする働きなのです。他の
防衛機制には，目の前の現実とは違った別の現実に没頭する「逃避」，そのま
ま意識されたり言動となったりすると危機的であるものを，別のもので置き換
えようとする「置き換え」，非合理的なものでも理由をつけて合理的にする
「合理化」，受け入れがたい欲望や思いを，その反対方向の裏返しにすることで
対応する「反動形成」，受け入れがたいものを外に投げ出して，相手に押しつ
ける「投影」などがあります。防衛機制が働くことによって，やるべき活動が
できるようになるのであれば適応的ですが，過度な防衛機制は様々な面で支障
をきたします。不安に対する精神分析では，過度な防衛機制となっている抑圧
をやわらげるようにアプローチしていくことになります。

(2) 不安への認知行動アプローチ

　認知行動アプローチは，観察可能な人間の行動を変容することを目的とした
学習理論に基づく行動心理学と，人間の感情や行動を規定するという認知プロ
セスを重視する認知的アプローチの融合として発展してきました。

不安の行動心理学

　不安の認知行動アプローチの起源は，パブロフ（Pavlov, 1927）を始めとする
行動心理学にあるといえます。1926 年に発表されたパブロフによる**レスポン
デント条件づけ**の理論が，その後の研究に大きな影響を与えました。

　レスポンデント条件づけは，古典的条件づけとも呼ばれ，パブロフによるイ
ヌの条件反射の実験が有名です。どんなイヌでも，餌を口の中に入れると，唾
液分泌が生じます。この時の餌を**無条件刺激**といい，唾液分泌を**無条件反応**と
いいます。ここで，ベルの音をやや先行させるようにして，ベルの音と餌を対
呈示することを繰り返すと，ベルの音の呈示のみでイヌの唾液分泌が生じるよ
うになります。これをレスポンデント条件づけと呼ぶのです。この時のベルの
音を**条件刺激**といい，ベルの音によって生じた唾液分泌を**条件反応**と呼びます
（図 6-1）。また，条件刺激であるベルの音に似たような音に対しても，唾液分
泌が起こるようになり，このことを**般化**と呼びます。なお，このようなレスポ
ンデント条件づけが成立した後に，条件刺激だけによる条件反応の誘発（ベル

条件づけ前
　　ベル（中性刺激）　　→唾液分泌なし
　　餌（無条件刺激）　　→唾液分泌あり（無条件反応）
条件づけ中
　　ベルと餌の対呈示を繰り返す。
条件づけ後
　　ベル（条件刺激）　　→唾液分泌あり（条件反応）

図 6-1　パブロフの犬におけるレスポンデント条件づけ

の音だけ呈示し，唾液分泌を生じさせること）を何回も繰り返していると，条件反応（唾液分泌）は徐々に生じなくなります。この過程はレスポンデント条件づけの**消去**と呼ばれます。

　レスポンデント条件づけは，不安症の形成の説明に役立ちます。たとえば，パニック症の場合，以前は電車に普通に乗っていられたけれど，電車に乗っている最中に，心悸亢進，発汗，めまい，震えなどのパニック発作（無条件刺激）が生じることによって，恐怖（無条件反応）を何回か経験すると，恐怖で電車に乗れなくなることがあります。この場合，電車が条件刺激であり，恐怖は条件反応になったと考えられます。そして，般化によって，電車に乗ることと似たような状況に対しても，恐怖を感じるようになります。なお，パニック症への心理学的治療法においては，上述したレスポンデント条件づけの消去の原理を応用して，条件刺激である電車にあえて何度も乗り，条件反応である恐怖を低減させていく**エクスポージャー法**という治療法が用いられることがあります。

　行動心理学においては，**オペラント条件づけ**も重要です。オペラント条件づけという用語は，スキナー（Skinner, 1953）によって提唱されたもので，自発的な行動の頻度が，ある刺激のもとで，その行動に伴う結果によって増減するプロセスを指しています。つまり，オペラント条件づけの観点に立つと，ある行動という反応が増えたり減ったりするのは，その反応の直後の結果によるところが大きいと考えられます。ある振る舞いをすることによって，良い結果が伴えば，その後，同じ振る舞いをすることが増え，逆に，悪い結果が伴えば，その後，同じ振る舞いをすることは減ると考えるのです。たとえば，自分が率直な自己開示（反応）をした際に，それを友人が真剣に聴いた（結果）場合，

第 6 章　不　安　　83

	出　現	消　失
好　子	**強　化** （例：課題に取り組んだ結果，褒めら れ，課題への取り組みが増える）	**弱　化** （例：課題でルール違反した結果，点数 が下がり，違反が減る）
嫌　子	**弱　化** （例：課題に取り組んだ結果，批判をさ れて，課題への取り組みが減る）	**強　化** （例：課題を避けた結果，一時的に不安 が減り，より課題を避ける）

図 6-2　強化と弱化のパターン（奥田（2012）を参考に作成）

その後自分がさらに多くの自己開示をする可能性が高まると考えられますが，自分の自己開示（反応）に対して，友人が否定的な言動をした（結果）場合，自分の自己開示は減るでしょう。オペラント条件づけでは，結果によって行動の頻度が増加することを**強化**と呼び，減少することを**弱化（罰）**と呼びます。また，何か行動をした直後に出現すると，強化になる出来事や条件を**好子**と呼び，弱化になる出来事や条件を**嫌子**と呼びます（杉山，2005）。強化と弱化には，基本的には好子と嫌子の組み合わせにより，それぞれ 2 パターンがあります（図 6-2）。

　このオペラント条件づけの考え方は，不安における**回避行動**が増えやすいことの説明に役立ちます。たとえば，苦手な人が遠くに見えたとします。このまま歩いていくと，その人と出くわすことになります。その時，不安が生じます。そして，歩く方向を変えたとします。これは，回避行動といえます。そして，「あの人と出くわさなくて良かった」と思い，一時的には不安が減ります。つまり，不安という嫌子が消失することによって，回避行動は強化されるのです。ただ，回避行動を続けていると，長期的には，「またあの苦手な人とあったらどうしよう」といったように，不安は続いてしまうことになるのです。

　以上をまとめると，不安が生じて，長続きするプロセスは，レスポンデント条件づけとオペラント条件づけの両方で説明することができます。パニック症の場合，レスポンデント条件づけの観点からは，上述した様に，パニック発作（無条件刺激）と電車が対呈示されることによって，電車が条件刺激となり，恐怖を感じるようになります（条件反応）。次に，オペラント条件づけの観点か

らは，電車を避けるという行動が，一時的な不安の低減（嫌子の消失）によって強化され，電車を避け続けることになります。そして，「電車に乗ると，パニック発作が起きるかもしれない」という心配が続くことになるのです。

不安への認知的アプローチ

行動心理学の後に，認知プロセスを重視する認知的アプローチが出てきました。アーノルド（Arnold, 1960）は，感情は**認知的評価**と密接に結びついていると指摘しました。つまり，感情は，対象を認知的に良いものとして評価して，それに向かう傾向と，対象を認知的に悪いものと評価してそれから逃げ去る傾向といった2つの傾向から成ると考えたのです。アーノルドに引き続き，ラザルスは，不安を含む心理的ストレスにおける認知的評価の役割を重視しました（第5章参照）。彼は，不安等の心理的ストレスは，対象を脅威として認知的に評価することによって生じるものであるとみなしています。したがって，認知的評価が変わることで，心理的ストレスは，小さくなったり，大きくなったりすると考えるのです。また，認知療法の開発者であるベック（Beck, Emery & Greenberg, 1985）のグループも，不安は，出来事の捉え方によって生じるという認知モデルを提唱しています（第10章参照）。

不安に関する認知的アプローチの影響を受けた理論に，スピルバーガー（Spielberger, 1966）による**不安の状態－特性理論**があります（図6-3）。この理論の特徴として，危機に直面して生じる状態不安（A-State）と，状況に依拠しない不安を感じやすいパーソナリティ傾向としての特性不安（A-Trait）に区別している点があげられます。この理論によれば，状態不安は，外部から刺激を受けた生体が，認知的評価を行い，それが有害なものと判断した場合に引き起こされます。また，その認知的評価には，特性不安が影響すると考えます。

状態不安とは，主観的な不安感，緊張感と自律神経系の活性化を伴う，一時的な感情—生理的反応として定義されます。それは，時間の経過によって強度が変化する性質を有します。一方，特性不安とは，比較的安定した不安に陥りやすい性格特性（個人差）として定義されます。言いかえるならば，状況を脅威的で，危険だと認知する傾向の個人差です。スピルバーガーは，特性不安の高い者の特徴として，自信がなく，自己非難的で，失敗を恐れる点を指摘して

第6章 不安

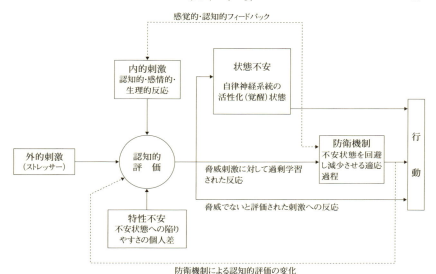

図6-3 スピルバーガーによる不安の状態―特性理論の図示 (Spielberger, 1966)

います。したがって，特性不安の高い者は自分が適切であるか否かを判断されるような場面を不安刺激として受け取りやすいです。それに対して，歯科治療，緊急の外科手術といったような，いわば物理的ストレス状況下では，特性不安の高い者もそうでない者も，同じように状態不安が高くなることが報告されています。

上述した理論に基づいて開発された心理テストに，状態―特性不安尺度（STAI）があり（肥田野・福原・岩脇・曽我・Spielberger, 2000），それを用いて状態不安と特性不安を測定することが可能です。状態不安についての質問項目では，「現在」の不安の程度を問います。項目内容には，「気が動転している」「神経過敏になっている」等が含まれています。他方，特性不安についての質問項目では，「普段」の不安の程度はどうであるかを問います。項目内容として，「困ったことが次々におこり克服できないと感じる」「本当はそう大したことでもないのに心配しすぎる」等があります。たとえば，特性不安の得点は低いのに状態不安の得点が高い者は，元来不安になりやすい性格ではないが，置

かれている状況・環境要因によって不安な状態に陥っているとみなすことができます。

以上の不安の認知行動アプローチにおいては，不安をやわらげるためには，不安と結びついた場面を学習し直すことが重要であり，認知的評価もターゲットとなります。

4. さいごに

不安は，誰しも経験する感情です。不安には，ポジティブな面もあります。不安を感じている時には，それを無理になくそうとするよりも，まずは自分に大事なことを知らせてくれているシグナルと受け取って，自分自身や生活スタイルを見直すきっかけにできると良いです。一方で，不安が強まり過ぎて，不安症のような状態になることもありえます。その際は，専門家に相談することが大事です。この章で紹介したように，心理学において，不安の研究は多くなされていて，不安に有効な治療法も開発されています。私たちが生きていく上で，不安がまったくない生活は不可能です。これからも不安の心理学は発展していくでしょうから，今後もその知見を活かして，不安とのより良い付き合い方を見つけていけると良いと思います。

ディスカッションのポイント！

1. フロイトの防衛機制は，日常生活において誰しもに生じうるものです。日常生活で強い不安を感じた時に，私たちにはどのような防衛機制が生じうるでしょうか。身近な例で考えてみましょう。
2. 私たちにとって苦手であったり不安を感じたりするもの・事柄を1つ取り上げて，レスポンデント条件づけとオペラント条件づけの観点からどのように説明できるかを考えてみましょう。

今後の学習に役立つ参考文献

原井宏明（2016）．「不安症」に気づいて治すノート　すばる舎.
坂野雄二・丹野義彦・杉浦義典（編）（2006）．不安障害の臨床心理学　東京大学出版会.

第7章　抑うつ

1. 抑うつとは

　誰しも日常生活において，気分が落ち込んだり，やる気を失ったりすること
はあります。しかし，そのような状態の度が過ぎ，長く続くと，生活に支障が
出てきたり，場合によっては，「うつ病」と診断されることもあります。

　うつ病では，ほぼ1日中の気分の落ち込みが見られ，楽しいはずのことが楽
しめなくなったり，やることなすことに意味がないと感じたり，過剰な罪悪感
を持ったりします。うつ病の症状には日内変動があり，朝よりも夕方の方が気
分は良いといわれています。また，体重の減少や，不眠が現れたり，疲れやす
くなることもあります。さらに，集中力が低下したり，簡単なことも決められ
なくなるなどの症状が出る場合もあります。そして，死について，ときには具
体的な方法なども含めて，繰り返し考える症状が出ることもあります。このよ
うなうつ病は，10人に1人が一度は経験するといわれていますが，年齢層は，
若年者から高齢者まで広範囲に及ぶことが分かっています。また，男性よりも
女性の方が，うつ病を約2倍発症しやすいとされています。

　抑うつは，さまざまな要因が絡み合って生じて持続すると考えられます。近
年では，生物学的要因，心理学的要因，社会学的要因をバランスよくとらえ
る，**生物・心理・社会モデル**（bio-psycho-social model）から理解することが
有用とされています。このモデルは，最初は医学の領域で注目されました。医
師がさまざまな病気にアプローチしていく際に，患者の生物学的側面に注目す
るだけでは，病気からの回復を目指すには不十分ではないかという課題が呈さ
れるようになってきたことから，患者の心理的側面や社会的側面にも注目する

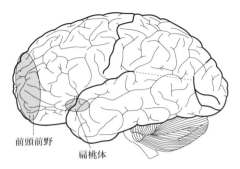

図 7-1 （Gray (1918) を改変）

必要性があるといった考えが提案され，優勢になってきたのです。このモデルは，徐々に心理学の領域においても適用されてきており，抑うつについていうならば，抑うつの心理学的側面だけでなく，生物学的側面や社会的側面にも着目する必要性があるということになります。本章では，このモデルに基づいて，抑うつについて考えていくことにします。

2. 抑うつの生物学的側面

　脳の研究からは，うつ病における**前頭前野**や**扁桃体**の機能の異常が明らかにされています（図 7-1）。前頭前野は，人間の額の奥に位置する脳の部位です。前頭前野は，実行機能を担っています。実行機能とは，ある場面で適切であると思われる行動を，自発的，計画的に遂行していくときに必要とされる能力です。うつ病患者は，この能力が障害されていると考えられています。上述した集中力が低下したり，簡単なことも決められなくなるなどの症状は，まさに前頭前野の働きが低下しているためといえます。

　また，扁桃体は，左右の側頭葉内側部に位置する神経核（神経細胞の集合）の複合体です。「扁桃」はアーモンドの意味で，形が似ていることが名前の由来といわれています。扁桃体は，様々な事物が自分にとって安全で有益か，あるいは危険で有害かを見分ける判断を担っています。扁桃体は，生存のために

第7章　抑うつ　　　　　　　　　　　　89

重要な刺激を検出していると考えられていて，脳内で感情的刺激に最も早く反応する鋭敏な器官です。たとえば，サルの扁桃体を破壊した実験研究では，そのサルは，天敵であるヘビをまったく怖がらず丸飲みする等，危険を顧みない問題行動が見られたことが報告されています。うつ病患者では，この扁桃体が過敏になりすぎていて，持続的に高い活動性を示すことが明らかになってきています。うつ病患者は，いったん否定的な感情や思考が起こると，それが数分から数時間の単位で長く持続しやすいという傾向を有していて，これを**反すう**と呼びます（第3節でも触れます）。反すうの強さは，抑うつ症状の維持と関連することが明らかにされています。こうした反すうの原因として，扁桃体の過活動が指摘されています。

　前述した前頭前野と扁桃体は，お互いが関係しあっていて，前頭前野が，扁桃体の活動を調整するプロセスがあります。しかし，前頭前野の機能が低下していると，扁桃体の過活動を鎮めることが難しくなります。扁桃体が過活動していると，実際には危険がないのに不安を強く感じたり，本来無害なものに対して恐怖を感じたりするといったように，不適切な感情反応が起こりやすくなり，抑うつにもなりやすくなってしまうのです。抑うつになった時，人は，「自分の意志が弱い」と考えて，自らを責めることがありますが，それは意志の問題というより，上述したように，脳の状態によっているといえます。

　薬理学的研究からは，うつ病においては，**セロトニン**という神経伝達物質の減少が見られることが指摘されています。うつ病の薬物療法において，SSRIというお薬が使われることがありますが，これは，選択的セロトニン再取り込み阻害薬の略称で，セロトニンの減少を防ぐことによって，うつの症状を緩和しようとする薬物といえます。

　遺伝学に関する研究からは，単一の遺伝子によってうつ病が発症するのではなく，複数の遺伝子の相互作用によって発症すると考えられています。その他，有病率は男性に比べて女性が高いことと，産後うつ病という病気が存在したり，月経前不快気分障害において気分の変動が見られることを考え合わせると，ホルモンバランスが抑うつ症状に影響を与えていることが示唆されています（丹野・石垣・毛利・佐々木・杉山，2015）。

　人間という生物の進化という観点から，抑うつを捉えるとどのようなことが

いえるでしょうか。進化の観点からは，不適応とされる行動や反応にも，大局的に見ると，何らかの適応的意義が見出せます。たとえば，発熱という身体反応は，生体の防御反応であり，安易に解熱剤を使うと（もちろん高熱が続く場合は，医学的処置が必要です），かえって回復が遅れる場合もあります。同じように，抑うつ気分について考えてみると，抑うつ気分には，現在進行中の目的を現実的に見直したり，体制を立て直したりする機能があるといえます。逆に，まったく抑うつが働かないとすると，自己制御が効きにくいということもあるかもしれません。

3. 抑うつの心理学的側面

抑うつの心理学的側面については，これまで様々な研究がなされてきました。ここでは，**原因帰属**，**自己注目**，**回避行動**の3つを取り上げます。

(1) 原因帰属

原因帰属とは，何かの出来事を体験した際，その出来事の原因がどこにあると捉えるかということです。エイブラムソンら（Abramson, Seligman & Teasdale, 1978）は，抑うつのなりやすさと，嫌なことを体験したときの原因帰属の3つの次元が関連していることを指摘しています。

1つめの次元は，内在性です。これは，原因が自分の内にあるか（内的帰属），自分の外にあるか（外的帰属）です。2つめの次元は，安定性です。これは，原因がいつも同じであるのか（安定的帰属），そのときにしかあてはまらないものか（不安定的帰属）です。そして，3つめの次元は，般化性です。これは，原因が他の多くの場面にもあてはまるものか（全般的帰属），その場面だけに限られたものか（特殊的帰属）です。これらの3つの次元を組み合わせると，8つの帰属のパターンが考えられます（表7-1）。たとえば，資格試験に落ちた原因を「私は頭が悪いから失敗したのだ」と帰属した場合は，①**内的**，②**安定的**，③**全般的**な帰属をしたといえます。また，資格試験に落ちた原因を「たまたま試験の問題が悪かったからだ」と帰属した場合は，①**外的**，②**不安定的**，③**特殊的**な帰属をしたといえます。

第7章　抑うつ　　91

表7-1　資格試験に落ちた場合の原因帰属の例（Abramson et al. (1978) を参考に作成）

③般化性の次元		②安定性の次元	①内在性の次元	
			内　的	外　的
	全般的	安定的	私は頭が悪いから	テキストに載っていない事柄が出たから
		不安定的	今回は努力不足だったから	今日の運勢が良くなかったから
	特殊的	安定的	資格試験を解くのに，自分は向いていないから	資格試験の問題がいつも良くないから
		不安定的	体調が悪かったから	試験問題数がたまたま多かったから

　エイブラムソンによると，嫌な経験をしたときに，①内的な原因に帰属するほど，②安定的な原因に帰属するほど，③全般的な原因に帰属するほど，抑うつになりやすいとされています。一方，嫌な経験をしたときに，①外的な原因に帰属するほど，②不安定的な原因に帰属するほど，③特殊的な原因に帰属するほど，抑うつにはなりにくいと考えられます。同じ体験をしても，抑うつになる人とならない人が出てくる要因の一つは，原因帰属といえるでしょう。この点に着目して，抑うつに対する心理学的治療法に，原因帰属の仕方を変える「帰属訓練」を取り入れる試みが出てきています（丹野ら，2015）。

(2) 自己注目

　社会心理学において自己意識の研究がなされてきましたが，自己意識と抑うつの関連が指摘されています。フェニグスタインら（Fenigstein, Scheier & Boss, 1975）は，自己意識を**私的自己意識**と**公的自己意識**に分けています。私的自己意識とは，自分の身体，感情，そして認知に注意が向くといったように，自分だけが直接体験できる内面的な自己意識であり，「自己注目」とも呼ばれます。公的自己意識は，他人から見られたりするときに，「自分は他人からどのように見られているだろうか」といった，外面的な自己意識です。自己注目は，抑うつと関連が強い心理学的特徴とされています。自己注目が高まれば高まるほど，抑うつになりやすいと考えられています。

　自己注目と関連がある概念として，**反すう**があります。これは，抑うつ気分

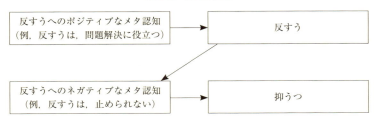

図7-2 反すう，メタ認知および抑うつの関連性（Papageorgiou & Wells (2003) を一部改変）

について繰り返し考え込む反応であり，抑うつを持続させる働きをもっていると考えられています。たとえば，「今自分はどうして落ち込んでいるんだろう。あの時，どうしてあんなことをしてしまったんだろう」といったように，過去のことを繰り返し長々と考え込んでしまうことです。

それでは，なぜ人は反すうをしてしまうのでしょうか。その原因について，反すうをしやすい人は，「反すうすることが問題解決に役立つ」「反すうすることで自分にとって大切なことに気づくことができる」といったように，反すうすることへのポジティブな考えを持っていることが指摘されています（長谷川・金築・根建，2009）。反すうは認知的現象ですが，その反すうへの考え方は，認知への認知であり，**メタ認知**と呼ばれます。上述した反すうへのポジティブなメタ認知だけではなく，反すうへのネガティブなメタ認知も，反すうを長続きさせてしまう役割があると考えられています。たとえば，「反すうをすると，止められなくなる」「反すうをすると，人に迷惑をかけてしまう」といったネガティブなメタ認知は，反すうが抑うつに与える影響を強めるのです。これらの関係を図式化したのが，図7-2です。反すうへのポジティブなメタ認知が反すうを生じさせ，反すうへのネガティブなメタ認知が抑うつを強めると考えられます。

反すうと逆の性質がある概念として，**気晴らし**があります。これは，抑うつ気分から意図的に注意を逸らす反応で，抑うつを和らげる働きがあるとされています。ノレン＝ホエクセマら（Nolen-Hoeksema & Morrow, 1991）の研究では，反すう，気晴らしと抑うつ気分の関連を調査したのですが，偶然その調査の直後（2週間後）に強い地震が生じました。これを機に，地震の10日後と7

週間後に，抑うつ気分とその対処法についても追加で調査がなされました。その結果，地震後の10日間で実際に反すうをしていた人は，抑うつ気分が高かったことが分かりました。抑うつ気分が生じた際にどのように対処するかが，その後の抑うつ気分の持続に影響を与えるといえます。

　他にも，反すうの詳細を検討した興味深い研究があります。ワトキンズ（Watkins, 2008）は，反すうには，**具体モード**と**抽象モード**という2つのモードがあることを指摘しています。具体モードは，場面や体験の詳細に焦点をあて，「どのように？」と自問するモードです（たとえば，「私は，今の気分をどのように感じているだろうか」）。抽象モードは，全般的で評価的なもので，「なぜ？」と自問するモードです（たとえば，「私は，今の気分をなぜ感じているのだろうか」）。研究によると，具体モードは抑うつを弱め，抽象モードは抑うつを強めることが明らかにされています。よって，抑うつを弱めるためには，反すうを抽象モードから具体モードに移していくことが重要と考えられ，そのような心理学的治療法も開発されてきています（丹野ら，2015）。

(3) 回避行動

　抑うつを悪化させる要因として，回避行動があります。これは，第6章でも述べられているオペラント条件づけの考え方に基づいています。不安が回避行動によって維持されるように，抑うつも回避行動によって維持されると考えることができます。たとえば，朝気分が落ち込んで，ベッドに居続けるといった行動は，抑うつによる活動の大変さを避けるための回避行動と考えることができます。ベッドに居続ける行動は，抑うつによる活動の大変さを避けること（嫌子消失）によって強化されて増えるようになり，他の望ましい行動（たとえば，仕事を少しでも進める）が生じにくくなります。また，抑うつによる活動の大変さは，より増すように感じられてきます。こうなると，自分にとって望ましい結果を得ることが少なくなり，抑うつが悪化してしまうのです。つまり，行動心理学の観点から見た抑うつとは，人が，環境から嫌な結果を得ることが増えていて，良い結果が得られることが極端に減っている状況といえます。よって，抑うつから抜け出すためには，回避行動を行う代わりに，少しでも自分にとってプラスになる行動を少しずつでも増やしていくこと（たとえ

ば，部屋に籠る代わりに，散歩に出る）が重要であり，これは**行動活性化療法**と呼ばれています。行動活性化療法は，自分の内面を変えるより，自分の振る舞いを変えることを目指すやり方で，抑うつ低減の効果が実証されています。

4. 抑うつの社会学的側面

　抑うつの社会的要因としては，ネガティブなライフイベント（たとえば，喪失体験や転居等），不適切な養育環境，経済的困窮，ソーシャルサポートの乏しさ等が挙げられます。ここでは，対人関係の側面について取り上げます。

　抑うつの対人関係の側面を研究した代表的なものに，ブラウンとハリスの研究（Brown & Harris, 1978）があります。この研究では，女性の人生における社会的な文脈に焦点を当てて，女性としての役割を果たす上でのストレスが抑うつを引き起こすことを論じています。具体的には，幼い子どもたちへの献身的な子育てを望まれたり，安定して職に就きにくくなることで活動範囲が限定されて，生活する社会が狭くなってしまうことがあります。その結果，経験するストレスの大きさに対して，信頼できて，相談できる人間関係が相対的に少なくなってしまうのです。つまり，女性としての社会的役割を果たしていく中で，ソーシャルサポートの資源が少なくなってしまい，抑うつになりやすくなるというのです。男性においても，社会環境と抑うつの関連が指摘されていて，抑うつ的な人はソーシャルサポートが少ない状況にあり，ストレスフルな出来事への対処が難しくなっていることが示されています。このように，人によって，ソーシャルサポートという対人的側面は，抑うつを緩和する重要な役割を担っていること（杉山，2005）が分かります。

　抑うつ的な人の対人関係に関する他の研究に，コイン（Coyne, 1976）の研究があります。この研究では，大学生の研究参加者に，抑うつ傾向者，抑うつ以外の精神障害患者，いずれでもない者と電話で会話をしてもらう実験を行っています。その結果，研究参加者である大学生は，抑うつ傾向者と会話をした場合に不快感情を体験していたことが分かりました。このことから，抑うつ傾向者との交流は不快なものになりやすく，抑うつ傾向者は他者から疎まれやすい可能性が示唆されています。このような抑うつ傾向者が疎まれやすい要因の一

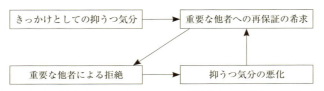

図7-3 抑うつにおける対人プロセス（Joiner et al. (1993)および杉山（2005）を参考に作成）

つを，ジョイナーら（Joiner, Alfano, & Metalsky, 1993）は，**再保証の希求**（reassurance-seeking; 日本語訳は，杉山（2005）による）として概念化しています。この考えでは，最初に軽い抑うつ気分を感じた時に，その抑うつ気分からの回復のために愛情や承認といった再保証を求めやすくなります。この再保証の希求を測定する心理テストの項目を例として挙げると，「自分のことを受け入れてくれるのかどうか確かめたい」「自分のことを気づかってくれたとしても，自分のことを心から思ってそうしたのだろうかといつまでも考えてしまう」といった項目があります。再保証を求められた他者は，当初はその再保証の求めに応じることがあっても，抑うつ傾向者の再保証の希求が繰り返されることがあるため，他者は抑うつ傾向者に対して拒絶的になり，このことが抑うつ傾向者の抑うつをさらに強めると考えられています（図7-3）。

5. さいごに

　これまで見てきたように，抑うつは何か1つの要因だけで生じるわけではなく，生物学的・心理学的・社会学的側面の様々な要因が組み合わさって生じているといえます。誰しも抑うつを感じることがあります。そして，場合によっては，うつ病になる可能性もあります。抑うつを感じる時，それは，自分自身を見つめ直す大切なきっかけになるかもしれません。これまでの心理学的研究から分かっていることは，抑うつの時は，自分を責めすぎないことが大切であるということです。そして，自分ができることから少しずつ生活を変えていくことが大事です。たとえば，生物学的側面である脳については，栄養や睡眠が十分にとれる生活環境に整えていくことで改善が期待されます。心理学的側面や社会学的側面も，これまでの自分の考え方や対人関係の取り方について振り

返ることが，抑うつ改善のきっかけになります。抑うつの生物学的側面，心理学的側面および社会学的側面は，相互に影響を与え合っていますから，どれか1つの側面にポジティブな変化が生じてくれば，それが他の側面にもポジティブな変化をもたらしえます。場合によっては，早めに専門家に相談することが大事です。抑うつを経験したからこその自己成長もあるでしょう。

ディスカッションのポイント！

1. 抑うつ気分は，ネガティブな結果だけではなく，ポジティブな結果ももたらしえます。抑うつ気分のメリットにはどのようなことがあるでしょうか。考えてみましょう。
2. 最近あなたが経験した，ちょっとしたネガティブな出来事について，どのように原因帰属したでしょうか。内在性，安定性，般化性の3つの次元について振り返ってみましょう。

今後の学習に役立つ参考文献

マイケル・E・アディス＆クリストファー・R・マーテル（著）大野裕・岡本泰昌（監訳）うつの行動活性化療法研究会（訳）(2012)．うつを克服するための行動活性化練習帳——認知行動療法の新しい技法　創元社（Addis, M. E. & Martell, C. R. (2004). *Overcoming depression one step at a time: The new behavioral activation approach to getting your life back*. Oakland: New Harbinger Publications.）

ゲイリー・グリーンバーグ（著）柴田裕之（訳）(2011)．「うつ」がこの世にある理由——作られた病の知られざる真実　河出書房新社（Greenberg, G. (2010). *Manufacturing depression: The secret history of a modern disease*. New York: Sterling Lord Literistic, Inc.）

第8章 眠りと心身の健康

1. 眠りと生理的反応

　一日適度に身体を動かした日の方が，何もしないでゴロゴロと過ごした日よりも，夜の寝つきがとても良かったという経験はないでしょうか。あるいは，逆に十分に眠ることができなかったり，徹夜明けの朝には，身体の疲れが残っていたり，妙に高揚感があったといった経験をしたことがある人もいるかもしれません。実際，その日の心身の調子が，眠りの長さや質によって影響を受けることが知られています。このように，眠りは私たちの心身の健康において大変重要な役割を果たしてくれているといえます。そこで，私たちの日常にとって身近な眠りについて，科学的な視点で明らかになってきたことを取り上げながら，眠りが私たちの心身に与えるさまざまな影響について考えていきたいと思います。

(1) 脳波からみえてくる眠りの特徴

　長い間，人が眠っている間の脳の活動が，どのようになっているかについてはブラックボックスでした。そこに風穴を開けたのが，**脳波**の計測です。1920年代になって，日中（活動時）の脳波が計測され，記録することができるようになり，その後さらに人が眠っている間の脳波を正確に把握できるようになったのです。

　脳波とは，神経細胞の間にあるシナプス電位と，後電位などの電位変動の総和を，頭皮上につけた電極を用いて記録したものをいいます。脳の機能状態について，外部から傷を与えることなく簡単に調べることができるため，脳波は

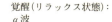
覚醒(リラックス状態):
α波

徐波睡眠(深い睡眠):
δ波

図8-1 人の覚醒と徐波睡眠における脳波(Cooper et al. (1980) より作成)

大変優れた検査法といえます。睡眠中における脳波を調べてみると，意識のある覚醒状態から，うとうとと眠り始めた状態，そして，ぐっすりと深い眠りについた状態に応じて，脳波の波形が大きく異なることが明らかとなってきました。また，浅い眠りから深いに眠りにかけて，ゆっくりした波を意味する徐波化が現れ，その波が増えていくことが分かってきました。このように，睡眠中の脳波は一定ではなく，睡眠の過程において異なる波形が交互に現れるというのが大きな特徴だといえます（図8-1）。

(2) 睡眠中なのに眼が動く!?

1950年代になると，睡眠中の脳波の計測と，眠っている人の眼の動き（眼球運動）を同時に観察する研究がなされるようになってきました。アスリンスキーとクライトマン（Aserinsky & Kleitman, 1953）は，眠って眼を閉じているにも関わらず，突如としてまぶたの下にある眼球が左右にきょろきょろと動き出す現象があることを発見しました。これを**急速眼球運動**，いわゆる**レム**（rapid eye movement：REM）といいます。レムの時にみられる脳波は，入眠期によく似た波形を示しており，その時点で寝ている人を起こすと，夢を見ていたと報告したことから，レムは夢見と関連があると考えられるようになりました。また，レムが現れる睡眠ということにちなんで，**レム睡眠**と呼ばれるようになったのです。

(3) レム睡眠とノンレム睡眠

レム睡眠の存在が明らかになってから，レム睡眠時の状態に関心が集まるよ

第 8 章　眠りと心身の健康　　　99

表 8-1　ノンレム睡眠とレム睡眠の主な役割と特徴

	ノンレム睡眠（徐波睡眠）	レム睡眠
役　割	脳の睡眠 ⇒　脳を活性化するための休息，修復	身体の睡眠 ⇒　身体の休息
特　徴	◆深い睡眠に伴って，眼球の動きは休止 ◆休んでいるものの，筋電図は多少活動がある。 ◆自律神経の副交感神経が優位 　（脈拍，呼吸，血圧は安定） ◆成長ホルモン分泌，蛋白同化，免疫機能の増加	◆急速眼球運動（REM）の出現 ◆筋電図もほぼ活動がなく，休んでいる。 ◆自律神経は変動 　（脈拍および呼吸の増加，血圧の変動） ◆記憶の固定，消去，学習 　⇒　8割以上の人が夢を見ている（夢見睡眠）。

うになりました。その中で，レム睡眠ではない睡眠，すなわち，**ノンレム睡眠**を分けて考えるようになってきました。現在では，睡眠には，大きくレム睡眠とノンレム睡眠の2つのタイプがあるとされていますが，その様態が異なっているといえます。正常な睡眠についていえば，寝入った直後にまず訪れるのが深い眠りだといわれています。眠りに就いてから60分ほど経過すると，最初のレム睡眠が現れます。その後は一定の周期でレム睡眠とノンレム睡眠を繰り返すことが分かっていますが，その幅については，個人差はあるものの，約60分から120分といわれています。また，睡眠周期における1回のレム睡眠の長さは，周期を繰り返すごとに徐々に長くなるという特徴があります。睡眠前半のレム睡眠の長さは，1分にも満たないものが，明け方頃になると，30分程度になるのです。

　それでは，レム睡眠とノンレム睡眠の特徴と違いをみてみましょう（表8-1）。レム睡眠の最中には，急速眼球運動が活発に生じますが，レム睡眠時の筋肉の活動レベルは眼球運動とは相反するように低下し，身体の姿勢を保つ筋肉の緊張がほとんど消失しており，いわゆる**身体の睡眠**状態になっています。また，自律神経系は，心拍数の変動が大きく不安定な状態にあります。ただし，レム睡眠における急速眼球運動は常に一定ではないということも分かっており，眼球が散発的に動く時期と，ひっきりなしに動く時期とに分かれ，ひっきりなしに動いている時に活発に夢をみているともいわれています。また，眼球の動き方には，速い場合と遅い場合があり，速い場合は覚醒している時の眼

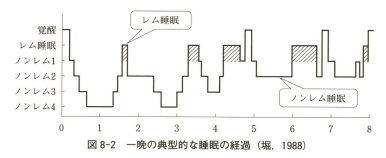

図 8-2　一晩の典型的な睡眠の経過（堀，1988）

の動き方とよく似ています。

　一方，ノンレム睡眠はレム睡眠とは対照的に，脳が休息している状態に近いため**脳の睡眠**といわれます。その時の筋肉の活動レベルはレム睡眠と比べるとやや活発であり，自律神経における副交感神経が優位になった状態で，心拍数も緩やかで，比較的安定しています。ノンレム睡眠は脳が進化する過程で，脳を休める必要性がでてきたことに伴って生起するようになってきた比較的新しい睡眠といわれています。つまり，ノンレム睡眠の大きな役割は，脳を静かに休ませることにあるため，身体の筋肉をゆっくり休ませる必要性はないとも考えられます。ノンレム睡眠の脳波は，ゆっくりとした波が多くなる**睡眠徐波**が現れますが，ノンレム睡眠の現れる時期を**徐波睡眠期**といったりもします。ノンレム睡眠の深度は，大きく4つに分けられます（図 8-2）。これらのことから，レム睡眠とノンレム睡眠の性質は対比的であるものの，関係性は相補的である（井上，2006）といえるでしょう。

2. 眠りにみられる異常

　心の不調には，必ずといってよいほど睡眠の問題も伴うといっても過言ではないかもしれません。しかも，日本人の中で，睡眠について不調を感じている人は，少なくないのです。厚生労働省（2014）の報告によると，成人の5人に1人が「睡眠で休養が取れていない」や「何らかの不眠がある」と回答しています。また，60歳以上の人々では，約3人に1人が何かしらの睡眠の問題を

第8章　眠りと心身の健康　　　101

抱えているといわれており，その割合がぐっと高まります。さらに，睡眠の問題が深刻化すると，医療機関の受診が必要となる場合も多く，割合でいえば，通院している人の20人に1人が睡眠薬を処方されているのです。ただし，睡眠の問題といえば，"眠れない"ということが全てだと思われがちですが，逆に"眠りすぎてしまう"といった，いわゆる**過眠**の問題で悩む人達もいるのです。このように，眠らずして生きていくことはできない私たち人間にとって，眠りにまつわる異常というのは非常に気になる身近なテーマの一つだといえます。

（1）眠れないことに伴う問題

　眠りに関することがらで最も多くの人が悩まされるのが，**不眠症**（insomnia）です。つまり，眠る時間が十分にあっても眠れなくなる病気といえます。たとえば，寝つきの悪さ，中途覚醒，あるいは，早朝覚醒といったように，自身の睡眠について主観的に苦痛を感じる状態を指します。また不眠症と一言で言っても，一時的に生じるものから，慢性的に悩まされるものまで，その重篤度には幅があります。ここでは，3つのタイプの不眠症をみてみましょう。

適応障害性不眠症

　翌日の試験が気になって，布団に入ってもなかなか寝付けなかった……といったような体験はないでしょうか。その人にとっては，試験といった一時的に経験されるストレッサーがきっかけで，眠れない状態に陥ったということになります。このように，何らかのストレッサーがあったときに一時的に眠れなくなる急性の不眠症のことを**適応障害性不眠症**といいます。ただし，緊張していた試験を無事に終えられた日の夜は，ぐっすり眠ることができたのであれば，その人の"眠れない"といった苦痛は解消されたことになります。適応障害性不眠症の特徴は，何らかのストレッサーによって，不眠状態に陥るものの，3カ月未満といった比較的短期間で消失するものと定義されています。

精神生理性不眠症

　夜がくるたびに，眠れるかどうかといった睡眠そのものに対する不安や緊張

が増し，そのことが脳や身体に影響して眠れなくなる状態に陥る不眠症のこと
を**精神生理性不眠症**といいます。適応障害性不眠症が，心配事が解消すると眠
れるようになるといった経過をたどるのに対し，心配事が解消しても眠れなか
ったという経験がきっかけとなり，睡眠そのものに対する心配，不安が持続し
てしまうため，場合によっては，適応障害性不眠症が，精神生理性不眠症を引
き起こすこともあります。このような状態に陥ると，寝室が"緊張する場"と
なることでリラックスができなくなるので，眠ることについて，強い不安をま
すます感じるようになってしまうのです。これが少なくとも1カ月以上続く
と，不眠が慢性化した状態と判断され，医療機関の受診を考える必要性がでて
きます。ただ，どこでも眠れないのかというとそうではなく，電車の中や，い
つもとは違う場所だと眠れたといった報告が多いのも，精神生理性不眠症によ
く見られる特徴の一つです。

逆説性不眠症

　本当はよく眠っているのに，本人が「眠れない」と訴える不眠症のことを**逆
説性不眠症**といいます。このように，実際の睡眠状態を主観的に誤って認識し
ていることから，**睡眠状態誤認**ともいわれ，睡眠に対する強いこだわりが影響
しています。理由はさまざまですが，一つには，自身の睡眠時間を正確に把握
できておらず，睡眠時間に対する認知機能が低下していることが関連していま
す。このように訴える人のほとんどが，実際に睡眠中の脳波で計測された総時
間よりも，眠れたと思う総時間を短く回答するということが分っています。特
に，高齢者において，この傾向が多く見られます。加齢に伴って睡眠の質が変
化することに関連していますが，ノンレム睡眠における徐波睡眠が短くなるこ
とで，浅い段階にある睡眠が多くなり，結果として"眠れていない"感じを助
長させているともいえます。年齢を重ねるごとに睡眠が浅くなり，中途覚醒が
増えるのは自然な変化であることを理解することが大切です。

(2) 昼間の眠たさ，眠りすぎることによる弊害

睡眠時無呼吸症候群

　肥満等の影響によって上気道（のど）が狭くなると，眠った際の筋の弛緩に

第 8 章　眠りと心身の健康　　　103

よって上気道が完全に塞がり，呼吸が一旦止まった状態になります。この状態が 10 秒以上持続することを，無呼吸といいます。もちろん無呼吸状態になった後は呼吸が戻りますが，一晩の睡眠の中で，何度となく無呼吸の状態が続くことで睡眠そのものが浅くなっているため，"日中眠くて仕方がない"という訴えにより，医療機関を受診し，**睡眠時無呼吸症候群**との診断がつく場合が多いのが特徴です。本人には無呼吸の自覚や苦痛がないことが多いので，いびきと無呼吸の繰り返しに気づいて心配した家族によって医療機関の受診を勧められ，診断に至るというケースも多いといえます。

ナルコレプシー

　夜間に十分な睡眠時間を確保しているのに，日中に眠たくて仕方がないといった睡眠の異常を**ナルコレプシー（居眠り病）**といいます。ナルコレプシーは，4 つの症状を特徴としています。1 つめは，**睡眠発作**です。日中に過度な睡魔に襲われてしまい，車の運転中や会話の最中といったように，通常睡眠には適さない場面で居眠りをしてしまうことをいいます。2 つめは，**脱力発作**です。これは，笑いや怒りといった情動刺激を受けることで，全身あるいは身体の一部分の力が突然抜けることを意味します。しかし，本人の意識は保たれているのが特徴です。そして 3 つめは，**睡眠麻痺**です。覚醒状態から睡眠に移行する過程において，身体を動かそうと思っても動かない状態を意味します。この時，自分は覚醒しているという自覚を持っている場合が多いです。最後は，**入眠時幻覚**といって，夢と比べるとリアルな実在感の伴う幻覚体験に特徴づけられます。通常，入眠時幻覚を体験した人は，強い不安や恐怖心を覚えます。原因は不明ですが，特定の遺伝子が関与しているといわれています。

　ところで，ナルコレプシーの診断がなくとも，4 つの症状のうちの睡眠麻痺と入眠時幻覚を同時に経験する人は意外と少なくありません。いわゆる**金縛り**と呼ばれる状態です。大学生の体験率を調べたところ，「少なくとも 1 回以上の経験あり」と回答した男性は 37.7％，女性は 51.4％，全体では 44.6％という結果でした（Fukuda et al., 1987）。また，初発年齢は，男性 17 歳，女性 15 歳がピークであることから，ちょうど思春期の生物学的な発達が著しい時期と重なっているといえます（図 8-3）。金縛りの原因はいくつか考えられますが，心身

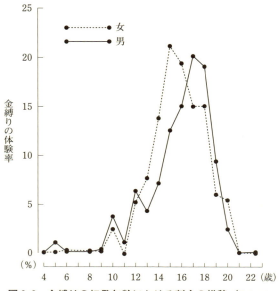

図 8-3　金縛りの初発年齢における割合の推移（Fukuda et al., 1987）

のストレスと睡眠リズムの乱れ，そしてレム睡眠の異常が指摘されています。ストレスや睡眠リズムが乱れることで，入眠時のレム睡眠で中途覚醒が起きやすくなる一方で，レム睡眠中の筋肉の活動低下が中途覚醒と一緒に生起することで，夢見の体験が幻覚として出現するものの，身体は動かないという体験になると考えられます。

3. 睡眠を調えていくために

(1) 睡眠指針 12 箇条に学ぶ眠りのコントロール

　国民に対して睡眠に関する正しい知識と理解を促すことを目的として，厚生労働省の研究班では，「健康づくりのための睡眠指針 2014」をまとめています。この指針の内容は，睡眠に関する基本的な科学的知見（第 2〜5 条）と，睡眠障害を予防していくための方法（第 6〜10 条），そして睡眠障害の早期発見の

第8章　眠りと心身の健康　　　　105

ポイント（第11〜12条）から構成されています。

第1条　良い睡眠で，からだもこころも健康に。
　睡眠に関する正しい知識を得て，睡眠を自己管理（量や質の改善）していくことで，睡眠障害やそれに伴う事故を防ぐことができるからだとこころの健康づくりが大切だといえます。

第2条　適度な運動，しっかり朝食，ねむりとめざめのメリハリを。
　適度な運動の習慣は入眠の促進と中途覚醒の防止になり，朝食は生活習慣のリズムづけには欠かせません。それらが睡眠と覚醒のメリハリをもたらします。また，アルコールを睡眠薬代わりに飲むことは，中途覚醒や浅い睡眠になりやすいので，注意が必要です。

第3条　良い睡眠は，生活習慣病予防につながります。
　睡眠不足や不眠の解決が，生活習慣病の予防につながります。また，睡眠時無呼吸症候群は高血圧，糖尿病，不整脈，脳卒中，歯周病をともなう可能性が高いので，肥満にならないことが大切です。

第4条　睡眠による休養感は，こころの健康に重要です。
　不眠はこころの病の症状として現れることも多いです。うつ病の約9割の人は不眠症を訴えており，特に，"睡眠による休養感の欠如"が特徴の一つです。このことが，日中の注意力，集中力の低下やからだの不調を引き起こすことが分かっています。

第5条　年齢や季節に応じて，ひるまの眠気で困らない程度の睡眠を。
　日本の6割の成人の標準的な睡眠時間は，6時間以上8時間未満です。しかし，加齢と共に睡眠時間は徐々に減り，早寝早起きで朝型になりやすく，特に男性に顕著です。個人差もありますので，日中眠くて困らない程度に眠ることが，一番最適な睡眠時間といえるでしょう。

第6条　良い睡眠のためには，環境づくりも重要です。

　寝室や寝床の温度や湿度も睡眠の質に影響を与えるので，気を配る必要があります。寝室は明るすぎずある程度暗い方が良いとされています。自分に合った睡眠環境をつくることが大切です。

第7条　若年世代は夜更かし避けて，体内時計のリズムを保つ。

　私たち人間は，約24時間のサーカディアンリズムとよばれる体内周期を持っていますが，昼夜の変化が伴わない環境下では，24時間から周期がずれ，人固有のリズムになるフリーランの状態になります。特に，若者世代では，休日は平日より起床時刻が数時間遅くなったり，頻繁な夜更かしになることで，体内時計のリズムが狂い，夜型にずれてしまうことが多いので，できるだけ，朝の光を浴びることで体内時計のリセットを行うことが大切になってきます。

第8条　勤労世代の疲労回復・能率アップに，毎日十分な睡眠を。

　勤労世代は，睡眠時間が短くなる傾向にあるため，意識的に必要な睡眠時間を確保する工夫が必要です。午後の早い時間帯で30分以内の軽い昼寝が，作業能率の改善にも効果があるといわれています。

第9条　熟年世代は朝晩メリハリ，ひるまに適度な運動で良い睡眠。

　年をとると必要な睡眠時間は短くなるため，年齢相応の睡眠スケジュールを作ることが大切です。特に効果的なのが，日中に行う適度な運動といわれており，睡眠と覚醒のリズムにメリハリがついてきます。

第10条　眠くなってから寝床に入り，起きる時刻は遅らせない。

　自分が眠くなってから寝床に就くことがすんなりと眠りにつくコツになります。眠れるかどうかといった不安が高まってきたら，一旦寝床から出て，少しリラックスできる環境に身を置き，眠気を覚えた時点で，寝床に就くのが良いとされています。ただ，寝入った時刻が遅くなっても，朝は一定の時刻に置き，太陽光を浴びることが，次の日の良い睡眠のためにも大切です。

第11条　いつもと違う睡眠には，要注意。

　睡眠中の激しいいびきや手足のぴくつきといった心身の変化には，専門的な治療が必要な病気のサインである可能性があるため，注意が必要です。うつ病の悪化を防ぐためにも，寝つきの悪さや早朝覚醒といった急な睡眠の変化を見過ごさないことが大切です。気になったら，早めに医療機関の受診を考えましょう。

第12条　眠れない，その苦しみをかかえずに，専門家に相談を。

　睡眠の異常に対して，自身での改善が無理だと感じたら，誰かに相談してみましょう。最近では，認知行動慮法が睡眠障害に対して有効であることが分かっていますので，そのような方法を専門家に相談してみることもお勧めです。

(2) 不眠症に対する認知行動療法

　不眠症に対する改善方法には，第一に**薬物療法**が広く行われますが，持続的に服薬することへの抵抗感や耐性といった問題を考慮して，不眠症に対する認知の構えや望ましくない生活習慣にアプローチすることで不眠症を改善する精神療法も併用されることが多いです。その代表格に認知行動療法があります（詳細は，第10章を参照）。主な方法としては，以下のものがあります。

睡眠日誌

　睡眠の記録を自分で記入する方法です。主観的で感覚的に自身の睡眠に対する評価を，客観的な記録をとることで，自身の睡眠に対する事実を知り，睡眠への評価の歪みに気づくことを狙いとしています（表8-2）。

刺激制御法

　不眠に陥ると，"寝床＝寝られない場所"といった不適切な状態である，いわゆる**条件づけ的覚醒**が学習されているため，"寝床＝寝られる場所"という適切な再学習を促す必要があります。①眠い時だけ寝室へ行く，②寝室は，睡眠のためだけに使う，③10分経過しても眠れないときは別の部屋に行く，④起床時刻を一定にする，⑤昼寝はしない，という点を守ることがポイントです。

第Ⅱ部　自己と適応

表 8-2　睡眠日誌の例

		12 13 14 15 16 17 18 19 20 21 22 23 24 1 2 3 4 5 6 7 8 9 10 11 (時)	総睡眠時間	気分	寝つき
○月○日	例	眠気を感じた時間 / 眠っている時間 / 布団に入っていた時間	6.5 時間	悪い / 普通 / 良い	悪い / 普通 / 良い
○月○日	日		時間	悪い / 普通 / 良い	悪い / 普通 / 良い
○月○日	月		時間	悪い / 普通 / 良い	悪い / 普通 / 良い
○月○日	金		時間	悪い / 普通 / 良い	悪い / 普通 / 良い
○月○日	土		時間	悪い / 普通 / 良い	悪い / 普通 / 良い

睡眠制限療法

　「一日の平均睡眠時間の8時間は眠らなくてはならない」といった睡眠に対する固定化した認知によって，無駄に寝室で過ごすことが，かえって不眠を悪化させてしまいます。**睡眠制限療法**は，寝室で過ごす時間を自身の平均総睡眠時間内に制限することで，不眠症の改善を目指す方法です。

ワーク7　自分の睡眠状態を振り返ろう

　　　アテネ不眠尺度：自分の睡眠について，チェックしてみましょう！
〈やり方〉
過去一カ月間に，少なくとも週3回以上経験したものを一つ選んで，数字に○をつけてください。

1	寝つきは（布団に入ってから眠るまで要する時間）？	いつもより寝つきはよい	0
		いつもより少し時間がかかった	1
		いつもよりかなり時間がかかった	2
		いつもより非常に時間がかかった，あるいは全く眠れなかった	3

2	夜間，眠っている途中で目が覚めることは？	問題になるほどではなかった	0
		少し困ることがある	1
		かなり困っている	2
		深刻な状態，あるいは全く眠れなかった	3
3	希望する起床時間より早く目覚め，それ以上眠れなかったことは？	そのようなことはなかった	0
		少し早かった	1
		かなり早かった	2
		非常に早かった，あるいは全く眠れなかった	3
4	総睡眠時間は？	十分である	0
		少し足りない	1
		かなり足りない	2
		全く足りない，あるいは全く眠れない	3
5	全体的な睡眠の質は？	満足している	0
		少し不満である	1
		かなり不満である	2
		非常に不満，あるいは全く眠れない	3
6	日中の気分は？	いつも通り	0
		少しめいった	1
		かなりめいった	2
		非常にめいった	3
7	日中の活動は（身体的および精神的）？	いつも通り	0
		少し低下した	1
		かなり低下した	2
		非常に低下した	3

8	日中の眠気は？	全くない	0
		少しある	1
		かなりある	2
		激しい	3

自己診断の目安：		合計
合計点が 0～3 点…… 睡眠はとれています。 合計点が 4～5 点…… 不眠症の疑いが少しあります。 合計点が 6 点以上…… 不眠症の可能性が高いです。医師に相談することをお勧めします。		点

出典：Soldatos et al.（2000）を参考に，著者が作成

ディスカッションのポイント！

1. アテネ不眠尺度を使ってチェックしてみた結果，自分自身の睡眠の状態から，何か気づくことはありましたか。
2. 昨日一日の睡眠に関して，睡眠日誌をつけてみましょう。
3. 自分自身の睡眠の状態について，優れている点と改善した方が良い点を，他の人と話し合い，自分自身にとっての望ましい睡眠について考えてみましょう。

今後の学習に役立つ参考文献

内田　直（2013）．好きになる睡眠医学第 2 版　講談社サイエンティフィク．
岡田尊司（2015）．人はなぜ眠れないのか　幻冬舎．

コラム 4　先延ばし

　皆さんは，やるべき物事があり，取り組む必要性を意識していながらも，その物事への取り組みをずるずると後回しにしてしまうことはありませんか。こうした "先延ばし" と呼ばれる行動は，多く（約 80％～95％）の大学生が経験しているものの，慢性化していくにつれて，学校生活や社会生活に悪影響（成績や業績不振，心身への過負荷等）を及ぼしうるものになることがわかっています。そこ

で，本コラムでは，自己理解の一貫として，心理テストを用いて，あなた自身の先延ばし傾向を測り，自分の日々の物事への取り組み方やその影響性について振り返ってみましょう。

心理テストのやり方

表1は先延ばし傾向を測るための心理テストです。13個の質問に対し，あなた自身にもっとも適切だと思う回答に○をつけて下さい。

表1 General Procrastination Scale 日本語版（林，2007）

	あてはまらない		だいたいあてはまらない		どちらともいえない		だいたいあてはまる		あてはまる
1. もっと前にやるはずだった物事に取り組んでいることがよくある……………	1	—	2	—	3	—	4	—	5
2. 手紙を書いた後，ポストに入れるまでに数日かかる……………	1	—	2	—	3	—	4	—	5
3. そう大変ではない仕事でさえ，終えるまで何日もかかってしまう……………	1	—	2	—	3	—	4	—	5
4. やるべきことを始めるまでに，時間がかかる……	1	—	2	—	3	—	4	—	5
5. 旅行する際，適切な時間に空港や駅に到着しようとして，いつも慌しくなってしまう…………	1	—	2	—	3	—	4	—	5
6. どたんばでやるべきことに追われたりせず，出発の準備ができる……………	5	—	4	—	3	—	2	—	1
7. 期限が迫っていても，他のことに時間を費やしてしまうことがよくある……………	1	—	2	—	3	—	4	—	5
8. 期限に余裕をもって，物事を片付ける…………	5	—	4	—	3	—	2	—	1
9. どたんばになって，誕生日プレゼントを買うことがよくある……………	1	—	2	—	3	—	4	—	5
10. 必要なものでさえ，ぎりぎりになって購入する	1	—	2	—	3	—	4	—	5
11. たいてい，その日にやろうと思ったものは終わらせることができる……………	5	—	4	—	3	—	2	—	1
12. いつも「明日からやる」といっている…………	1	—	2	—	3	—	4	—	5
13. 夜，落ち着くまでに，すべき仕事をすべて終わらせている……………	5	—	4	—	3	—	2	—	1

心理テストの解釈法

　各項目の合計点を算出します。この合計点があなたの先延ばし傾向の高さを示す得点です。参考までに大学生を対象としたある研究（林，2007）では，男性の平均値が 44.36 点（標準偏差 9.04），女性の平均値が 42.79 点（標準偏差 8.59）でした。それらと比較して，あなたの先延ばし傾向が相対的にどの程度高いかを考えてみましょう。先延ばしは計画的に用いられている場合には悪影響が少ないとされているものの，もし自身の先延ばし傾向が高く，それにより自分自身に悪影響を及ぼしていると考えられた場合には，先延ばしを減らす工夫を試していく価値があるかもしれません。その際には，先延ばし対策の専門書（たとえば Steel（2010）など）を読んだり，大学の先生，学内のカウンセラー等の専門家に相談することも，自分を支え，自分の力を一層に発揮していくための有効な手段の一つとなるでしょう。

第Ⅲ部

自己を支えるリソースを育む

　自己について多面的に理解を深めていくことと同時に，自分自身が今いる環境の中でより良く生きていくためのリソース（資源）を持ち合わせておくことは，今後の人生において非常に役に立つといえます。また，それらのリソースが，困難な状況に陥ったり，何か悩みごとが生じたりした場面を柔軟に乗り越えていくための支えとなります。第Ⅲ部では，コミュニケーションスキルをはじめ，認知行動療法，書記的方法，アサーション，リラクセーションといった様々な方法やスキルについて学び，自分で自身をケアしていく際の支えとなる心理学的なリソースを育くんでいくことを目的とします。

第9章　コミュニケーションスキルを学ぶ

1.　コミュニケーションについて学ぶ意義

　私たちは日々，様々な人と関わりながら生活をしています。その際には，ほぼ必ず，誰かと何かしらのコミュニケーションを取り，相手の話を聴く場面はもちろん，時には相手から何かしらの相談を受ける機会もあるでしょう。そのような時に，俗にいう「聴き上手」と呼ばれる人（相談者に「この人に話（相談）を聞いてもらえてよかった」と思われる人）がいる一方で，「聴き下手」（相談者が「この人に話（相談）をするんじゃなかった」と思われる人）もいます。この違いは，人の話を聴くコミュニケーションスキルのレパートリーをどれだけ身に着けられているか，そして，それらをどれだけ適材適所で使えているかによると考えられます。しかしながら，こうしたコミュニケーションスキルについては，見よう見まねで身につけたり，自分なりに試行錯誤していることはあっても，体系的に学ぶ機会はあまり多くありません。そのために，自分自身がどのようなコミュニケーションのレパートリーを持っているのか，また，それらのレパートリーがいつどのように有益なのか（もしくは有益ではないのか）を知ることができず，練習する機会が得られないために，適切なスキルを伸ばせていない場合が少なくありません。

　そこで本章では，対人場面における適応力を高めるためのリソースの1つとして，「コミュニケーションスキル」を学びます。具体的には，"相手との会話を円滑に続け，内容を聴き，相手の置かれた状況や心境を理解する"ために役立つ技術を紹介します。

　こうした目的に基づき，本章の構成は，次のようになっています。第一に，

コミュニケーションの基本性質を学びます。第二に，人の話を聴く際の前提と
して有益な心構えを紹介します。第三に，カウンセリングのトレーニングでも
用いられている代表的なコミュニケーションスキルのレパートリーを紹介し，
それぞれの特徴，使い所，留意点をお伝えします。

2. コミュニケーションとは

コミュニケーションとは，「自分の伝えたいことを表現し，相手と情報をや
り取りしたり，関係を築くために用いられる他者との相互作用」と定義されま
す。そして，このコミュニケーションは，その性質上，以下の種類に大別され
ています。

・言語的コミュニケーション（以下，言語的 C）
・非言語的コミュニケーション（以下，非言語的 C）

言語的 C とは，言語（相手との間で，意味の共通理解が得られているサインや
シンボル）を用いて，伝えたい内容を明示した形で伝えるコミュニケーション
です。言語によって伝えたい内容を相互に共有できるため，内容や情報を伝え
る上では使いやすいところに特徴があります。言語自体の持つ意味の幅や多義
性によって，言語的 C であっても多少の曖昧さや意味の幅はありますが，後
述する非言語的 C と比べると，伝えたい内容を明示できる点で，情報伝達に
適した信頼性の高いコミュニケーションの方法です。

一方で，非言語的 C とは，表情，しぐさ，視線，声色といった態度を通じ
て（明示的ではない形で）情報が伝わるコミュニケーションです。一般的には，
非言語的 C 単体で用いられることは少なく，多くの場合，言語的 C と一緒に
用いられています。非言語的 C が伴うことで，言語的に伝達された意味を明
確にしたり，補強したり，限定したりすることが可能です。また，この非言語
的 C が伴わない場合，言語的に表現された言葉の真意がうまく読み取れず，
誤解を生じさせる場合もあります。なお，一般的に，話し手の真意が表れやす
いのは，言語的 C よりも非言語的 C であると考えられています。そのため，

相手の発する言語的Cと非言語的Cが拮抗していた場合に，受け手は非言語的Cから相手の真意を推測することが多いとされています。相手が口では「怒っていない」と言っていても，顔の表情や声色が怒っていたら，皆さんは「相手は怒っている」と理解するのはこのためです。

　私たちはこうした言語C・非言語的Cを単体もしくは同時に用いて，日々の生活において相手とやり取りをしています。それでは，こうしたコミュニケーションにおいて，相手の言いたいことを上手に聴き，会話を続けていくためには，どのような心構えを持ちながら，どのようなスキルを発揮していけばよいのでしょうか。

3. よい聴き手になるための前提となる心構え

　心構えについては，カウンセラーが持つべき基本的態度を提唱したロジャーズの知見（Rogers, 1980）が参考になります。この知見に基づけば，日常的にもよき聴き手になるためのポイントとして，以下の3つを知っていくことが役立ちます。

①無条件の肯定的配慮
②共感的理解（とそれを表現していくこと）
③自己一致（純粋性）

　無条件の肯定的配慮とは，「特定の条件（状況）の時だけ相手の味方に立つ」のでははく，「どのような条件（状況）であっても，相手の味方になろうとして，相手の見方や考え方や行動を否定したり，責めたりするのではなく，"そう思う（考える，行動する）のも無理ないのではないだろうか"と肯定的に理解できるように関わる」という配慮です。たとえば，あなたが誰かに，何かしらのつらさを抱えて，相談した時を想像してみてください。もしこの時に，自分のつらさやそうせざるをえなかった事情を受け止めてもらえない（わかってもらえていない）うちに，「それは，あなたが～したのがいけないよね」と一般的な正論を言われると，「そうせざるをえなかった自分のつらさをわかってく

れていない」「もうこの人には相談したくない」と思うのではないでしょうか。これは無条件の肯定的配慮を欠いた場合におこりがちな失敗の一つと考えられます。

共感的理解とは，相手が置かれた状況や心境を具体的にイメージしながら話を聴き，「もし自分が相手の状況や心境であったらどう思うだろうか」と自分自身の実感と照らし合わせながら相手を理解していこうとする関わり方です。もちろん，相手と自分は別の人生を歩み，別の経験をつんでいる人間です。ですので，相手の置かれた状況やそこで生じている心境と同様のものを自分の中に完璧にイメージすることはできません。しかしながら，そうした限界を理解した上で，できるだけイメージをして，実感を伴うように努めながら，理解した内容を，言動を通して伝え返して（こちらの理解がずれていないかを確認して）いくことが重要視されています。

自己一致とは「自分自身が本心で思っていないことを口先だけで言わない」という関わり方です。つまり，"自分の本心と自分の発言を一致させる"ことです。たとえば，相手がどのようにつらいのかを具体的にイメージもできていないのに，表面的に「つらかったよね。わかるよ……。」と口先だけで言うのは，自己一致ができていない聴き方です。もし本心からイメージができていない場合には，「（見た感じでは）つらそうだね……ただ（実感を伴う形では），まだどんな風につらいのかが自分がわかれていないので，具体的にもう少し聞かせてもらえるかな……」などと話を続けた上で，相手のつらさが自分の実感としてわかってきた際に「〜という状況だったら，さぞつらかっただろうね……」と伝える方がより望ましい関わり方です。

実は，聴く技術の専門家でもあるカウンセラーであっても，常にこの3つを実現することは難しいものなのですが，努力目標として常に意識しながら仕事をすることが推奨されているものです。そのため，日常生活のコミュニケーションでは，必ずしも，相手の話を聴く際にこの3つを満たすために常に努力する必要はないかもしれません。しかしながら，自分が相手の話をうまく聴けていないと感じていた人にとっては，自分の聴き方の点検ポイントとして，この3つは振り返ってみる価値があるでしょう。

第9章 コミュニケーションスキルを学ぶ 119

4. コミュニケーションスキルのレパートリー

それでは，こうした3つの基本的態度を前提として意識した上で，実際に相手との会話をスムーズに続け，内容を聴き，相手の置かれた状況や心境を理解していくためには，どのようなコミュニケーションスキルを身に着けておくことが役立つでしょうか。これについては，カウンセラーの訓練モデルが参考になります。訓練モデルは様々なものがありますが，本章ではアイビイ（Ivey）が提唱した**マイクロカウンセリング**（福原ら，2004）の知見から一部抜粋して，「話を聴く（傾聴する）」ためのコミュニケーションスキルのレパートリーを紹介します。具体的には，図9-1に示したように，傾聴の土台となる**基本的かかわり技法**より，非言語的Cスキルである（1）**かかわり行動**を，そして，言語的Cスキルである（2）**質問技法**，（3）**はげまし技法**，**いいかえ技法**，**要約技法**，（4）**感情の反映技法**，について学びましょう。

(1) かかわり行動

かかわり行動は，傾聴の基礎となる非言語的C（聴き方，態度）の技術です。具体的には視線の合わせ方，声の質（調子），言語的追跡，身体言語の4つに着目します。もちろん，これらが相手に与える影響は文化や個人によって異なるため，あくまでも一般論として理解の上，適切に調整していくことが推奨されていますが，皆さんは自分自身の態度を振り返り，その影響性に気を配ってみると自分の癖や気を付けるべき改善点が見つかるかもしれません。

視　線

適度に視線が合うことは，話し手が「この人（聴き手であるあなた）は自分の話を聴いてくれている」ことがわかる合図になります。そのため，基本的には話を聴く際には，話し手の目や目の周辺を，適時見て，目を合わせていることが望ましいとされています。視線の合わせ方の適切さは個人差もあるため，常に直視していることがよいわけではありません。しかしながら，「常に視線を合わせない」という態度や重要な話をしている最中の話し手と目が合ってい

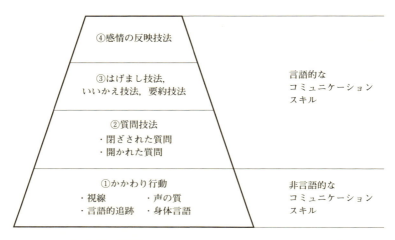

図 9-1 話を聴くために役立つコミュニケーションスキルの代表的レパートリー

る時に「あなたから視線を外す」という行為は「私はあなた（話し手）の話に関心がありません」という非言語的なメッセージを帯びるため，自分が不用意にそのような視線の外し方をしていないかに留意してみてください。

声の質

　声の調子によっても，与える印象は異なります。たとえば，あまりに小さい声だと「発言内容に自信がないのかな」という印象を与えてしまい，話の内容の信憑性が低く見積もられてしまうかもしれません。逆に，あまりに大きな声（威嚇的な声）だと「自分の考えを一方的に押し付けようとしているのかな」と感じさせてしまい，反発心や恐怖感が強まり，警戒されてしまうかもしれません。また，早口で返答をすると，「自分の話をちゃんと理解した上で，返事をしてくれていないのではないか」と疑惑の念を生じてしまうこともあります。ですので「しっかりと相手のことを聴いている（相手の状況を味わっている，考えてイメージしながら話を聴いている，受け止めている）」というメッセージが相手に伝わりやすい意味では，適度な声の大きさで，かつ，早口よりゆっくりと返答をした方が，話し手は安心感を持ち，話を続けやすいようです。

言語的追跡

　これは，相手が話す内容に寄り添って（それを飛び越えた内容をこちらから伝えたり，勝手に自分自身の話にもっていかないように気をつけながら），話を聴いていこう（返答していこう）とする態度です。相手の話を傾聴しようとする場合，必ずしも，こちらから新しいネタ（話題）や改善案を提供する必要はありません。むしろ，相手が話したいことを聴かずにこちらが勝手に話題を変えてしまったり，逸らしたり，相手の話したいと思っている内容よりも先回りして聴き手が（アドバイスなどを）話してしまうことで，話し手に「自分の話（もしくは気持ち）を十分に聴いてもらえていない」という感覚を生じさせ，話すこと自体を止めてしまう等の望ましくない影響がでやすいため，気を付ける必要があります。

身体言語

　相手の話を聴く際に「自分が真剣にかかわろうとする際に自然にとる体勢」が取れているかを振り返ってみると役立ちます。一般的には，話し手の動きと調子を合わせて，向かい合い，少し前かがみになる姿勢や関心を持って聴いていることを伝える体勢や表情は，相手の発話をうながし，話しやすくする効果が期待できるものです。

　以上の各特徴を踏まえて，話を聴く際の自分の態度が，意図しない影響を相手に与えてしまっていないかを振り返ることがかかわり行動におけるチェックポイントです。もし振り返った際に，気をつける必要があると感じた場合には，意識的に修正してみるとよいでしょう。そして，こうした非言語的 C について気を付けた上で，次に紹介する言語的 C としてのレパートリー②〜④を意識することで，何をどのように言葉で伝え返していくとよいのかを理解することが可能となります。

(2) 質問技法

　質問には，**開かれた質問**，**閉ざされた質問**があります。閉ざされた質問は，「はい」「いいえ」もしくは「想定される一言（〜数語）」で答えられるタイプの質問です。一方で，開かれた質問は一言では答えられない（質問された側が

自分の言葉で説明したり，表明したりすることが求められるタイプの）質問です。

閉ざされた質問

　閉ざされた質問の典型は「～ですか？」です。たとえば「その問題が起こったのは大学に入ってからですか？」，「今もその問題は続いていますか？」などが該当します。閉ざされた質問は（こちらが想定している）特定の情報や理解の正誤確認をする際に有益な質問法です。また，想定内の答えから選んで答えればいいという点で，質問された側の負担が少ないという利点もあります。ただ，質問された側が一言だけ返答して会話が収束してしまうことがあるため，それだけでは会話が広がりにくい（続きにくい）というデメリットもあります。たとえば，相手の趣味を知りたいと思った場合に「音楽を聴くのは好きですか？」という閉ざされた質問をすると「いいえ，嫌いです」などの答えだけが返ってきて，そこで話が収束してしまうことが起こりえます。

開かれた質問

　一方，開かれた質問の典型は，「What（例：～になったのは，何があったためですか？）」「How（例：～と言われて，どのように感じましたか？）」「Why（例：あなたはなぜそうしたのですか？）「Could you tell me（例：～についてもっと詳しく聞かせてもらえませんか？）」です。開かれた質問とは，質問された側が，より自由に，自分自身の言葉で，話したいと思う内容を話すことができる質問です。そのため，話し手がそれぞれの状況下で，どのように考えたり，感じたりしているのかを理解していくために有益であり，相手の状況や心境にアクセスする際にとても役立つものです。話し手自身が，話したい内容を話せるため，会話も広がりやすいという特徴があります。たとえば，趣味を聴く際には，特に事前情報がない場合には「あなたの趣味はなんですか？」と開かれた質問をした方が，「音楽を聴くのが好きですか？」という閉ざされた質問で聴くよりも早く，話し手の趣味にアクセスしやすく，話し手自身もスムーズに話を展開しやすくなります。

　以上のように，この2つの質問の使い処は適材適所ですので，それぞれの特徴を踏まえて，用いることが推奨されています。一般的には，まずは開かれた

質問で相手の心境（話したいと思っている内容の大枠）を教えてもらいながら，それを踏まえて，開かれた質問と閉ざされた質問を用いて，より詳細に具体的に理解を深めていくことが役立つでしょう。

(3) はげまし技法，いいかえ技法，要約技法

はげまし

　はげましは話し手が話を続けやすくするためのサイン（合いの手）の機能を持つ聴き手の応答技術です。たとえば，「ウンウン」，「はい」，「そうでしたか」，「えぇ」，「はー」，「なるほど」などの短いフレーズ，相手が言った言葉の一つ，もしくは，いくつかの繰り返し，相手が言ったキーワードの簡単な繰り返しなどが当てはまります。こうした聴き手の合いの手があることで，話し手はスムーズに話をすすめていくことができます。

いいかえ

　いいかえは，話し手の発話の内容（やそのエッセンス）を聴き手の言葉で表現し直して，話し手にフィードバックする応答技術です。これにより，聴き手の理解が正しいのかを確認することができるとともに，相手が会話を続けることを促します。具体的には聴き手は話し手の言った言葉やその内容を短縮し，明確にした形で言い換えます。その際，おうむ返しをするのではなく，話し手が伝えようとしている内容の主たるポイントを聴き手自身の言葉で表現します。できるだけ具体的に話し手の置かれている状況を思い浮かべながら，そのイメージに基づいて，自分なりの言葉で相手の状況を表現するのがコツとされています。

要　約

　いいかえと似ているものの，それと比べると比較的長いスパンの会話内容を整理・要約し，共有点を明確化する応答技術が要約です。日常会話では他の技術と比べると用いる機会は少ないものですが，商談やカウンセリングなどではしばしば（たとえばその日の話しあいをまとめる時など）用いられます。

(4) 感情の反映技法

感情の反映とは，話し手が言語的もしくは非言語的に表現している感情をくみ取り，もしくは推測し，それを聴き手が言葉で伝え返す応答技術です。これにより，話し手は自分の感情を理解してもらえたことを実感することができます。たとえば「～な経験をして，とても"悲しかった"んだね」とか「そんな中で一人で頑張ってきたのであれば，さぞ"辛かった"だろうね」「しゃべっている表情からとても"がっかりしている"のが伝わってきます……」などです。こうした感情の反映をされることで，話し手は「自分の気持ちをわかってもらえた」「自分のことがわかってもらえた」という実感を持ちやすくなるとともに，聴き手に対しても「この人は，自分の話をちゃんと聞き，自分のことをわかってくれる人だ」という安心感を生み，両者の間の関係性も一層育まれていきます。なお，この技術を有効に用いるためには，話し手の置かれた状況を具体的にイメージするとともに，話し手の発する言葉だけでなく，観察を通して得られる非言語的（表情や身体の動きなど）情報にも着目することが大切です。また，人は同時期に（1つの対象に）複数の（時にアンビバレントな）感情を感じている場合があるため，それらを並行して伝え返す複雑な感情の反映という発展的技術もあります。たとえば「友達の発言を聞いて，～の点では"憤る"気持ちがあった一方で，～の点では嬉しさもあったんですね。」と伝え返すことで，友達の発言に対してアンビバレントな気持ちがあったこと（ひいては，アンビバレンスを抱えた話し手の存在自体）を肯定的に受け止めることが可能になります。

ワーク8　相手の話を聴く練習

　2人ペアを作り，聴く練習をしてみましょう。具体的には聴き手と話し手役を設定し，3分ほど会話（たとえば趣味について教えてもらうなど）をします。その際に，聴き手は特定のスキルを選び，意識的に練習をしてみましょう。そして，会話を終えた後，聴き手がどんなスキルを意識しながら聴いたのか，話し手がどんな印象を受けたのかを互いにシェアしましょう。

5. さいごに

　以上，よい聴き手になるために役立つコミュニケーションの理解とコミュニケーションスキルの代表的なレパートリーについて紹介しました。これらはまず知的に理解し，自分自身のコミュニケーションにおける過不足を意識してみてください。そして，そうした意識を基に，日常生活での自分のコミュニケーションのレパートリーをその都度（特に「うまく人の話を聴けなかった」，「コミュニケーションができなかった」と感じた時に），振り返り，不足しているスキルを意識的に練習していくことで，一層に聴き上手になっていけるでしょう。

ディスカッションのポイント！

1. 日常生活で人の会話場面に注目して，それぞれのコミュニケーションスキルがどのように使われているのかを観察してみましょう。
2. 2人ペアを作り，自分自身のコミュニケーションの特徴について気づいたことを話しあってみましょう。

今後の学習に役立つ参考文献

福島脩美（2011）．相談の心理学　金子書房．

アイビイ，A. E.（著）福島真知子・椙山喜代小・國分久子・楡木満生（訳）（1985）．マイクロカウンセリング "学ぶ–使う–教える" 技法の統合：その理論と実際　川島書店．

古宮昇（2007）．やさしいカウンセリング講座　創元社．

杉原保史（2015）．プロカウンセラーの共感の技術　創元社．

第10章　考え方の癖を知る：認知行動療法

1. 悩みが生じるのには理由がある!?

　友人と最近うまくいっていないといった対人関係のトラブル，勉強や仕事がうまくいかない，あるいは，将来について心配といったような悩みは，誰しも抱えたことがあるのではないでしょうか。このように，生きる過程で，不快な出来事を体験するということは不可避なことかもしれませんが，それをどのように乗り越えていくかは，対処の仕方によって変わってきます。

　エリス（Ellis, 1957）は，「人間の悩みは出来事や状況に由来するものではなく，そういう出来事をどう受け取るかという受け取り方に左右される」と述べています。起きてしまった出来事に嘆くのではなく，その出来事への捉え方，つまり認知（思考，考え，イメージ）を見つめ直すことに焦点を当てる重要性を説いています。このように，認知の内容や対し方によって，私たちの悩みを小さくしたり，解決する方向へ導く代表的なアプローチを**認知行動療法**（cognitive behavior therapy: CBT）といいます。

2. 認知行動療法とは

　CBTとは，観察可能な行動変容を目的とした学習理論に基づく行動的アプローチと，出来事に対する認知の変容を目的とした認知的アプローチの融合として発展してきたエビデンス・ベースド（科学的根拠に基づく）な心理療法の総称です。ラング（Lang, 1971）は，人の心の問題を，認知，行動，感情（生理）の3つのサブシステムから成り立つ**3システムズ・モデル**を提唱してお

第Ⅲ部　自己を支えるリソースを育む

表 10-1　第 2 世代の 3 つの認知的アプローチにおける諸技法と特徴

	論理情動行動療法	認知療法	ストレス免疫訓練
介入のターゲットとする認知的概念	◇不合理な信念	◇自動思考 ◇推論の誤り ◇スキーマ	◇否定的自己陳述
主な介入技法 認知的技法	◆論駁法 ◆ユーモア技法　　　等	◆コラム法（思考記録） ◆スキーマワーク ◆イメージ技法 ◆問題解決　　　　　等	◆自己教示訓練 ◆認知的再体制化 ◆イメージ・リハーサル
感情的技法	―	◆リラクセーション技法	◆リラクセーション技法
行動的技法	◆フラッディング法 ◆主張訓練　　　　等	◆セルフ・モニタリング ◆活動スケジュール　等	◆セルフ・モニタリング ◆行動リハーサル ◆自己強化　　　　　等
介入の主な特徴	不合理な信念に挑戦する方法を習得し，論理的思考を導く方法を習得	自動思考・推論の誤りの検討を行い，適応的思考を導く方法を習得	ストレスフルな状況における否定的自己陳述に代わる対処的自己陳述を自己教示訓練を通して習得

り，この考え方に倣うことで，人の心の問題をより機能的な観点から扱いやすくなったといえます。また，CBT では，**協同的実証主義**といわれる基本姿勢を大切にします。つまり，援助者は，相談者の積極的な治療参加を促し，相談者は治療に関して応分の責任を援助者と共有することを前提とするのです。さらに，否定的な認知を否定するのではなく，全てその認知を「仮説」とみなし，それが正しいかどうかを実験として検証していくという**経験主義的姿勢**も重視します。

　このような CBT は欧米諸国で生まれた心理療法ですが，本邦においても CBT の有効性を実証する多数のデータが示されたことを後押しに，2010 年度には，医師によるうつ病への CBT の適用が診療報酬の対象となりました。2016 年度には，その適用対象が不安障害にも拡がっていて，その有効性の高さから相談者からのニーズが高まっているといえます。

　それでは，CBT の中でも第 2 世代のアプローチに位置づけられており，特に主要な 3 つの方法である**論理情動行動療法，認知療法，ストレス免疫訓練**についてみてみましょう（表 10-1）。

3. 認知行動療法における 3 つの認知的アプローチ

(1) 論理情動行動療法

　エリスが考案した論理情動行動療法（rational emotive behavior therapy: REBT）の中核的理論は，**ABC 図式**です（図 10-1）。A（activating events）は，きっかけとなる出来事・状況を意味し，ある個人に対する外的ないしは内的な刺激のことを意味します。ABC 図式に従わない考え方だと，否定的な出来事（たとえば"好きな人から振られた"）を体験したので，否定的な感情（たとえば"落ち込み"や"悲しみ"）や行動（たとえば"誰とも話したくない"）といった結果である C（consequence）が生じたと解釈するかもしれません。一方，ABC 図式では，A が C をもたらすのではなく，その出来事に対する受け取り方を意味する B（belief）が C を左右すると考えます。

　特に，エリスは，「ねばならぬ主義／すべき思考」に特徴づけられる評価的な B を**不合理な信念**（irrational belief；たとえば"自分は全ての女性から好かれなければならない"）と称しています。このように悩みを増幅させる不合理な信念を，**論理的信念**（rational belief；たとえば"自分にとって合わない女性がいても仕方がない"）に変容することが，C である否定的な感情や非適応的な行動的反応を適応的な状態（たとえば"落ち着く"や"他の女性と話してみる"）に導くとしています。それでは，自分がどのような不合理な信念を持っているかを，調べてみましょう（表 10-2）。

　REBT を実践するにあたって重要なのは，不合理な信念の変化を促すプロセスです。エリスは，不合理な信念の変容を促す方法として，D（disputing）である**論駁法**と称される認知的技法を考案しています。この段階では，自らが自身の考えに気づきを得られるように問うていく**ソクラテス問答法**を活用しなが

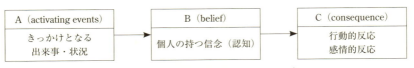

図 10-1　論理情動行動療法の ABC 図式

表10-2　不合理な信念測定尺度（JIBT-20）

		まったくそう思う	だいたいそう思う	どちらでもない	あまりそう思わない	まったくそう思わない
	以下の各項目に示されている考え方は，あなた自身の考え方にどの程度あてはまりますか。もっともあてはまるところの数字ひとつに○をおつけください。					
1.	いつも目覚しい行いをしなくてはならない。	5	4	3	2	1
2.	私は常に業績を上げなければならない。	5	4	3	2	1
3.	私はいつも頭がよく働かなければならない。	5	4	3	2	1
4.	私はすべての点で有能でなければならない。	5	4	3	2	1
5.	いつも自分を引っ張っていってくれる人が必要だ。	5	4	3	2	1
6.	頼れる友達がいなければやっていけない。	5	4	3	2	1
7.	相談できる人が常にいないと困る。	5	4	3	2	1
8.	常に指示してくれる人がいなければならない。	5	4	3	2	1
9.	泥棒は懲らしめられて当たり前だ。	5	4	3	2	1
10.	重罪を犯した人は厳しく罰せられて当然だ。	5	4	3	2	1
11.	殺人を犯した人は死刑に処せられるべきである。	5	4	3	2	1
12.	不道徳なことをする人間は堕落した人間だ。	5	4	3	2	1
13.	いざこざが起こった時には知らん顔をしているのにこしたことはない。	5	4	3	2	1
14.	人と話をする時は，差し障りのないことだけを話したほうが無難だ。	5	4	3	2	1
15.	物事を決めるときははっきり賛否を表さない方が無難だ。	5	4	3	2	1
16.	危険や困難には近づかないことだ。	5	4	3	2	1
17.	状況が思わしくない時は投げ出したくなって当然だ。	5	4	3	2	1
18.	何をやってもうまくできない時にはすっかりやる気をなくしても当然だ。	5	4	3	2	1
19.	大きな災難に出会ったら精神的に混乱するのが当たり前だ。	5	4	3	2	1
20.	大切な仕事をしているときに邪魔されるのは我慢のならないことだ。	5	4	3	2	1

出典：森ら（1994）を参考に，著者が作成

第 10 章　考え方の癖を知る　　　　131

表 10-3　JIBT-20 の自己採点表

	各因子名	平均値	標準偏差	自身の得点	自身の合計
男　性	自己期待（項目 1～4）	11.91	3.62		
	依存（項目 5～8）	8.96	3.11		
	倫理的非難（項目 9～12）	14.68	3.43		
	問題回避（項目 13～16）	9.51	2.63		
	無力感（項目 17～20）	11.68	2.93		
女　性	自己期待（項目 1～4）	10.74	2.79		
	依存（項目 5～8）	10.58	3.47		
	倫理的非難（項目 9～12）	15.17	2.51		
	問題回避（項目 13～16）	9.95	2.83		
	無力感（項目 17～20）	12.18	2.46		

ら，不合理な信念を同定し，その根拠を尋ねたり，それに対する論駁を行い，新たな論理的信念を見出していきます。また，セッションで新たに学んだことを，日常生活に定着させること（般化）を目的として，ホームワークを課すのが一般的です。そして，それを次回のセッションで確認することも重視しています。最終的には，E（effect）とされる**効果**，すなわち，不合理な信念に対する対処能力を自身で自発的に発揮させ，新たな哲学を見出すことを目指します。

(2) 認知療法

認知療法（cognitive therapy: CT）は，ベック（Beck, 1976）によって考案された CBT に位置付けられる心理療法の一つです。CT では，ベックの認知モデルを基礎としており，認知の 3 つのレベルである**自動思考**，**推論の誤り（認知の歪み）**，**スキーマ**に細分化して考える点に特徴があります。

認知の 3 つのレベル

自動思考とは，ベックの認知モデルの中では，一番表層にある認知とされ，ある特定の状況において自動的によぎる思考やイメージを意味します。自動思考は，その人が思い浮かべる状況に依存しやすく，比較的容易に気づきやすい

点が特徴です。逆に，**スキーマ**は，その人自身が持つ個人的な確信や価値観を意味し，3つのレベルの一番深層にある認知とされ，日常場面では意識化されにくいといわれています。深層にあるスキーマが活性化するのは，不適応的な状況に置かれた時です。スキーマが活性化することで，**推論の誤り**が生じ，それに伴った自動思考が意識され，その自動思考の内容に影響を受けた行動や身体的反応が生じると理解されます。したがって，CTでは，まずは意識化されやすい表層にあるネガティブな自動思考や推論の誤りの"内容"に焦点を当て，それらを変容することを第一の目標とします。

認知療法の主な技法

CTでは，**セルフ・モニタリング**（自身の行動や気分の一定期間にわたる記録等）や**活動スケジュール**（生活の行動計画を1時間間隔で設定し，その達成度と満足度をチェックする等）といった行動的技法と，自動思考と推論の誤りに対応した**コラム法**や，スキーマに対応したスキーマ・ワークと称される**ポジティブ・データ・ログ法**（Padesky, 1994）といった認知的技法で構成されます。

CTの導入段階では，まず目の前にいる相談者の問題について，認知行動アセスメントに基づいた**概念化（フォーミュレーション）**を行い，見立て（治療方針）を立てます。概念化を行うと，各ケースを標準的なCTの手続きに当てはめて考えることができるため，その後の治療計画に役立ちます。また，その概念化を相談者と共有することで，CTの**心理教育**に活用できます。セッションが進むにつれて，様々な技法を活用しますが，ここでは，代表的な技法である7つのコラム法の手続きについて具体的に見てみます（表10-4）。

コラム①は，問題となっている状況を，コラム②には，その時の感情（気分や気持ち）を書き，コラム③では，その状況において浮かんでくる自動思考を同定します。第2と第3のコラムが前後する場合もありますが，状況における感情を先に同定する方が，その時の自動思考を把握しやすいため，第2に感情を，第3に自動思考を書く流れが比較的多いのが実際です。

コラム④以降は，自動思考を検討する段階です。コラム④では，自動思考が正しいと思える根拠をリストアップし，コラム⑤では，逆に自動思考と矛盾する根拠である反証をリストアップします。一般的に，自身の考えは正しいと確

第 10 章　考え方の癖を知る　　133

表 10-4　7 つのコラム法（思考記録）の例

①出来事・状況	・4 月 20 日，午後 5 時 ・友人と遊びに行く予定だったのに，ドタキャンされた。
②気分 　（レベル：0〜100%）	・悲しい（90%） ・怒り（80%）
③自動思考	・とても楽しみにしていたのに，友人にとってはつまらない約束だったのだろう。 ・こんな自分を，誰も相手にはしてくれないだろう。
④根拠	・約束を守ってもらえなかった。 ・前にもアルバイト先で似たようなことがあった。
⑤反証	・その友人からのキャンセルははじめてのことで謝ってくれていたから，よほどの急用ができたのだろう。 ・アルバイト先での話は違う人の話で一年前のことであり，偶然の可能性もある。
⑥適応的思考 　（確信度：0〜100%）	・友人にもそれなりの理由があってのことだと思うし，今回がはじめてのことだったので，いつもドタキャンされているわけではない。（80%） ・アルバイト先のことは，今回の件と同じだと思ったが，一年も前のことで偶然の可能性が高い。また，その後のつきあいできちんと約束を果たしてくれたこともあったから，全ての人が自分を相手にしてくれないということではない。（85%）
⑦今の気分のレベル 　（レベル：0〜100%）	・悲しい（40%） ・怒り（30%）

信している場合が多いため，自動思考の根拠は簡単に見つけることができますが，自動思考の反証はなかなか見つからないと感じる人が多いです。そのため，自動思考の根拠と反証を見つけるためには，あらかじめ，自動思考は“仮のもの”であることを前提に，「あなたをよく知っている家族や友人なら，何と言ってくれるか」といった問いかけをしながら，客観的な視点で考えてみることが大事です。コラム⑥は，根拠と反証を踏まえた上で，自動思考に代わる適応的思考を導き出します。そして，コラム⑦は，コラム②における感情について再評価を行います。

　自身の考えが変わってくると，自身を悩ます否定的な感情も共に変化するといった体験を通して，認知と感情の相互作用について理解できるようになってきます。また，セッションの間には，CT の考え方を定着させるために，ホームワークを課すこともあります。

(3) ストレス免疫訓練

　マイケンバウム（Meichenbaum, 1977）によって考案されたストレス免疫訓練（stress inoculation training: SIT）は，「ストレスとは，個人と環境の相互作用によって生じる」と捉えるラザルス（Lazarus）のストレスの相互作用説の考え方に影響を受けています。SIT では，ストレッサーとストレス反応を媒介する認知的評価とコーピング（対処方略）といった個人内要因に着目し，①**概念把握の段階**，②**スキル獲得と定着段階**，③**適用とフォロースルー**の３つの段階に応じて，多種多様な技法を包括的に用いる点に特徴があります。また，"免疫" という言葉が用いられているように，ストレスへの心理的抵抗力としての "免疫" を獲得することをプログラムの中心に据えています。

ストレス免疫訓練における３つの段階

　１つめの概念把握の段階は，ストレスの喚起と持続には，認知と感情が影響を及ぼして合っていることへの理解を促し，訓練に対してモチベーションを高めるための心理教育的要素を含む段階です。次のスキル獲得と定着段階では，ストレスへの実際的な対処スキルを学び，苦手場面における反復練習を行うことを通して，セルフ・コントロール能力の向上を目指します。特に，SIT の代表的な認知的技法の一つである**自己教示訓練**や**認知的再体制化**を積極的に活用し，ストレス反応の低減を目指します。さらに，適用とフォロースルーの段階では，前段階において練習したスキルを日常場面でも使えるようになることを目指します。これら３つの段階は，順序に沿って実施されるとは決まっておらず，相談者の状況に応じて適用されていきます。

自己教示訓練

　SIT に含まれる特徴的な技法の一つに**自己教示訓練**があります。訓練の主な狙いは，自分自身に対してかけている否定的な自己陳述を同定し（たとえば「こんな失敗するなんて，恥ずかしい」），ストレスの各段階における対処的自己陳述（たとえば「私はこれを克服するプランを持っている」，「このことだけで，人生が決まる訳がない」，「少しずつできていることもある」）を作成し，それを実際

第10章　考え方の癖を知る　　135

の場面で対処できるまでリハーサル（練習）を行い，十分に自分のものになる
ように定着を図る点にあります。また，自己教示訓練は，ストレスフルな状況
における否定的自己陳述を，特定の対処的自己陳述に置き換え学習する手続き
であるため，必ずしも優れた言語能力や洞察力を必要としないため，言語化が
十分でない子どもに対しても効果が示されています。さらに，シャイや怒りの
問題で悩んでいる大学生に対しても，有効であることが分かっています。
　それではここで，自分自身のストレッサー（ストレス喚起場面）を1つ取り
上げ，例を参考にしながら，否定的自己陳述を特定し，対処的自己陳述を作成
することにチャレンジしてみましょう。

ワーク9　自己陳述を作成してみよう

例）やるべき課題が多くて，なかなか終わらない！

例）周りに対して，いらいらする。
◆この状況をもっとうまく対処するために，＿＿＿＿＿という私のストレス信号に気づいたら，休もう。
例）与えられた課題を全てこなさなければならない。
◆私は，＿＿＿＿＿といった，自分の感情，イメージ，自己陳述を検討してみよう。
例）ほどほどの内容で十分だ。
◆もし私が否定的自己陳述を自己教示しているのであれば，自らに＿＿＿＿＿と言い直そう。
例）呼吸法
◆私は，＿＿＿＿＿をして，リラックスしよう・
例）好きなゲーム
◆私は，対処的自己陳述を自己教示したから，＿＿＿＿＿をすることで，自己強化しよう。

図10-3　自己教示訓練に関するエクササイズの例

ここ最近のストレッサー（ストレス喚起場面）を1つ書き出してみましょう。

◆この状況をもっとうまく対処するために，＿＿＿＿＿＿＿＿＿＿＿＿＿＿＿
＿＿＿＿＿＿＿＿＿＿＿＿＿という私のストレス信号に気づいたら，休もう。

◆私は，＿＿＿＿＿＿＿＿＿＿＿＿＿＿＿＿＿＿＿＿＿＿＿＿＿＿＿＿＿＿
＿＿＿＿＿＿＿＿といった自分の感情，イメージ，自己陳述を検討してみよう。

◆もし私が否定的自己陳述を自己教示しているのであれば，自らに＿＿＿＿＿
＿＿＿＿＿＿＿＿＿＿＿＿＿＿＿＿＿＿＿＿＿＿＿と言い直そう。

◆私は，＿＿＿＿＿＿＿＿＿＿＿＿＿＿＿＿＿＿をして，リラックスしよう。

◆私は，対処的自己陳述を自己教示したから，＿＿＿＿＿＿＿＿＿＿＿＿＿＿
＿＿＿＿＿＿＿＿＿＿＿＿＿＿＿＿をすることで，自己強化しよう。

出典：Altmaier（1982）を参考に，著者が作成

4. 認知行動療法の新しい流れ：マインドフルネス

　マインドフルネスは，これまで見てきた REBT，CT，SIT といった，いわゆる第2世代のアプローチと称される方法とは異なり，第3世代のアプローチに位置づけられる比較的新しい方法といえます。近年，欧米諸国をはじめ本邦でも，マインドフルネスのムーブメントが起きており，その適用対象は，不安，疼痛，そして怒りに対しても拡がりを見せつつあります。それでは，CBT の新しい流れであるマインドフルネスとは何を意味するのでしょうか。

　マインドフルネスとは，「物事をあるがままに受け容れ，現在の瞬間に，価値判断をせずに注意を向けることによって現れる意識＝気づきのこと」を意味します。この考えは，仏教の教えに基づくものですが，宗教の教えという垣根を超え，ただ呼吸に注意を向ける**マインドフルネス瞑想法**や，五感を頼りに，意図的に注意を向けて食べる**レーズン・エクササイズ**といったスキルを習得することで，「自分の悩みや苦痛は心の中で過ぎ去っていくことであり，必ずし

第 10 章　考え方の癖を知る　　137

も現実を反映してはおらず，自我の中心的な部分ではないということに気づきを得る」ことを目指します。

また，マインドフルネス瞑想法といったワークを含むマインドフルネス認知療法（Segal, Williams, & Teasdale, 2002）では，否定的な認知や感情は，体験の一つにすぎないという**脱中心化**という視点を育むことを重要視します。特に，典型的な CT を受けても，うつ病の患者の一定の割合で再発が認められることから，マインドフルネス認知療法は，うつ病の再発予防の有効なアプローチとして注目が高まっています。

ここでマインドフルネスな状態を高めるワークをご紹介します。このワークは，自身の“思考から見ること”と，“思考を見ること”の違いを体験することを通して，マインドフルネスな状態を高めていくアクセプタンス＆コミットメント・セラピー（ACT; Hayes, Strosahl, & Wilson, 1999）に含まれる技法の一つです。実際に，下記の流れにしたがって，マインドフルネスな状態を体感してみましょう。

ワーク10　マインドフルネスな状態を体感してみよう

“流れに漂う葉っぱ”のエクササイズ

◆　あなたはゆったりとした川の流れの傍らに腰を下ろして，葉っぱが流れて行くのを眺めています。

◆　ここで，自分の考えや思いに意識を向けてください。

◆　頭に思い浮かんだ考えや思いを，それぞれ 1 枚の葉っぱにのせて，流すようにしましょう。

◆　ここでの目的は，あなたが流れの傍らにいること，そして，葉っぱを流れ続けさせることです。

◆　もし，葉っぱが消えたり，意識がどこかよそに行ったり，あなたが川に入ったり，葉っぱと一緒に流れていることに気づいたら，一度中断して，何が起こったのかを観察しましょう。

◆　そして，もう一度，流れの傍らに戻って心に浮かぶ考えを観察し，それらを 1 つずつ葉っぱにのせて，流れさせましょう。

出典：熊野（2011）を参考に，著者が作成

138　　　　　　　　　第Ⅲ部　自己を支えるリソースを育む

ディスカッションのポイント！

1. 自己教示訓練を作成するワークを行った結果，気付いたことを，ペアの人と振り返ってみましょう。
2. マインドフルネスを高めるエクササイズを行う前と後で，自身の思考に対する感じ方にどのような変化がおとずれましたか。

今後の学習に役立つ参考文献

伊藤絵美（2005）．認知療法・認知行動療法カウンセリング初級ワークショップ：CBT カウンセリング　星和書店.
国分康孝（1991）．〈自己発見〉の心理学　講談社.
熊野宏昭（2011）．マインドフルネスそして ACT へ　星和書店.

コラム 5　セルフ・コンパッション

　近年，心理学分野で注目されている概念に「**セルフ・コンパッション（self-compassion）**」があります。ネフ（Neff, 2010）によると，セルフ・コンパッションの主要な要素は，（1）自分に優しくすること，（2）私たちは世界を共有しているという感覚，（3）ありのままの世界に対してマインドフルでいること，です。私たちは，落ち込んだりした時に自己批判をしがちですが，セルフ・コンパッションは，そのような時こそ，他人を思いやるときのように，自分にも優しくする態度が大事であることを示しています。また，私たちは，苦境に立たされた時，「こんなつらい思いをしているのは，自分だけだ」と思い，孤独感を募らせがちですが，セルフ・コンパッションでは，人間の共通性に重きを置いており，「自分と同じような思いをしている人が，世界には大勢いる」ことに目を向けます。セルフ・コンパッションは，マインドフルネスとの関連も指摘されています。以上のようなセルフ・コンパッションが高い人は，うつ状態になりにくく，人生への満足度も高いことが研究によって明らかにされています。

　セルフ・コンパッションは，「自信」とは異なるものです。よく「自信が大事である」といわれることが多いですが，近年の心理学においては，「自信の有無が能力の高さや成功とは関連がない」ことを示す研究が多いです（たとえば，Baumeister, Campbell, Krueger, & Vohs, 2003）。むしろ自信が高すぎると，攻撃的になったり，長期的には健康を低める可能性もあります。したがって，自信を高めようとするより，自分の中にセルフ・コンパッションを育むことの方が大事といえるかもしれません。

　セルフ・コンパッションを高める方法としては，自分に優しくできるセリフを

あらかじめ用意しておくことが挙げられます。そして，何か辛いことがあった時に，「私は自分に優しくできる」「私と同じ苦しみを持っている人が他にもいるはず」といったセリフを自分に言い聞かせるやり方があります。他にも，自分に優しくしてくれて，リラックスさせてくれる人物のイメージを自分の中に鮮明に作るようにして，何か辛いことがあった時に，その人物ならどのようなことを自分に言ってくれるかを考えたり，書き出したりする方法（金築・金築，2019）があります。

第11章 心を筆記する

1. 心の扉を開く：自己開示とは

　その日のちょっとした失敗事から，嬉しかったこと，あるいは，傷ついたり悲しかった出来事まで，私たちは日常的に様々な体験を重ねながら生きています。そうした自身の体験について，誰かに話を聞いてもらったということが全くないという人はいないのではないでしょうか。

　自らが自身の情報について他者について伝え，共有しようとする対人的な行為のことを**自己開示**（self-disclosure）といいます。心理学で，はじめて自己開示を体系的に取り上げた社会心理学者のジェラード（Jourard, 1971）は，自己開示を「自分自身をあらわにする行為」であると述べており，他者と親密になっていく過程において，非常に有効な方法だと位置づけています。さらに，安藤（1990）は自己開示における伝達内容と伝達行為の2側面を自己開示の概念に新たに含め，自己開示を「特定の他者に対して，言語を介して意図的に伝達される自分自身に関する情報，およびその伝達行為」と定義しています。

2. 自己開示が対人関係に果たす役割

(1) 自己開示は対人関係の親密度に影響する？

　情報を伝達する側である送り手と，その情報を受け取る受け手の二者関係の親密度が進展していく過程において，自己開示が重要な役割を果たしています。アルトマンとテイラー（Altman & Taylor, 1973）は，自己開示に関する社会的浸透理論を提唱しています。この理論の中では，自己開示の広がり（breadth）

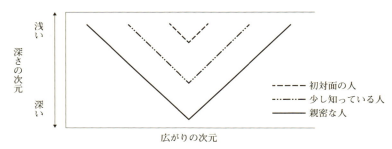

図 11-1　3つの対人関係の進展段階における自己開示の広がりと深さの次元

と深さ（depth）といった2つの次元が重要な要素として注目されています（図11-1）。たとえば、それほど親しくない相手とは、天気といったごく限られた範囲の、誰とでも共有できるような浅い内容しか話さないということは、多くの人が想像できる状況だと思います。逆に、親密だと思う相手とは、自身の家族のことがらや恋愛といった私的な内容まで幅広く、深く話し込むといったこともあるかと思います。このように、送り手と受け手の親密度が浅い時期の自己開示は、話す内容も限定的で浅いものに限られますが、送り手と受け手の親密度が進展するにつれて、開示される内容も広がり、その深さも増大するのです。

(2) 自己開示における返報性

送り手と受け手の親密度が進展する役割に、自己開示が重要な働きを果たしているわけですが、親密度が増す過程における自己開示には、どのような特徴があるのでしょうか。自己開示には、**返報性**（reciprocity）とよばれるルールが存在します。返報性とは、自己開示の受け手が、送り手に対して同程度の量や深さの自己開示を返す現象をいいます。これは、"他者から受けた利益や行為に対して、それと同程度のものを他者に返すべきである"という返報性の規範に基づいた行動の一つといえます。たとえば、S子さんが街で偶然会った友人のT男くんに、「久しぶり！　元気？　これからどこに行くの？」と尋ねると、「久しぶりだね、元気だよ！　今からアルバイトなんだ。君こそどう？」といったやり取りがなされたとします。この状況において、送り手のS子さ

第11章 心を筆記する

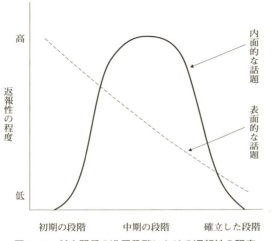

図11-2 対人関係の進展段階における返報性の程度

んが伝えた自己開示の量と深さに応じる形で、受け手のB男くんが同程度の量と深さの自己開示を返していることから、二人のやり取りは自己開示の返報性によって成立しているといえます。

　一般的な自己開示の返報性の特徴として、やり取りされる自己開示の内面性の程度は、送り手と受け手の親密度の段階によって変わる点があげられます。親密度が初期の自己開示の返報性は、表面的な話題が最大で現れますが、反面、内面的な話題は最小となります。この後、活発な返報性が繰り返されるにつれて、次第に双方の関係が蜜月期である中期に向かいます。双方の親密度が中期になると、表面的な話題はなりをひそめ、逆に、内面的な話題がピークを迎えます。そして、双方の関係性が安定した確立した段階になると、表面的、内面的な話題は共に、減ってくると考えられています（Altman, 1973；図11-2）。この理由として、関係性が安定してくると、送り手は受け手に対して自身の話をよく聞いてくれる、よき理解者であることを求めるようになることに関連があるといわれています。

3. 自己開示と心身の健康

　嫌な出来事を誰かに話して，聞いてもらうと，心の奥底にあった負の感情が浄化され，気持ちが軽くなったことはないでしょうか。実際，自己開示することが，心身の健康度に肯定的な効果をもたらすことが知られています。

　ペネベイカーら（Pennebaker & Susman, 1988）は，数百人の上流中産階級にある大学生と社会人に対して，人生上の重大なトラウマ体験（たとえば，家族の死，両親の離婚，性的なトラウマ，身体的虐待等）を17歳以前に経験したことがあるかどうかを尋ねる調査を実施しています。その際，トラウマ経験を持っていた場合に，その経験を誰かに具体的に話したかどうかも尋ねています。その結果，調査に協力した半数以上の人達が，17歳以前に深刻なトラウマを経験しており，トラウマ経験のない人達と比べると，医療機関にかかった回数が約2倍だったことが分かりました。さらに，トラウマ経験を持っている人の内，それを誰にも開示してこなかった人は，開示した人よりも，約4割も多く医療機関にかかっていたのです。また，末期の乳がん患者の中で，心理社会的なサポートグループにおいて，否定的な内容を開示した人の方が，そうでない人よりも生存率が高かったことも示されています（Spiegel & Kato, 1996）。このように自己開示を行うことによって，免疫機能が向上し，心身の健康が促進されると考えられます。

　ただし，過度な自己開示は，逆に受け手に対して不安を喚起させ，受け手が開示に対して拒否的な反応を示すようになるため，結果として開示者は，心理的不適応に陥ることが知られています（Jourard, 1971）。また，神経症傾向の得点が高い人や自己観察する傾向が弱い人は，相手の自己開示の内面性の程度に影響されることなく，自己開示の返報性に従わない自己開示を示すことが分かっています（e.g., Cahikin, Derlega, Bayma, & Shaw, 1975）。

　このことから，自己開示を行うことは，心身の健康度を維持するためには大切な行為である一方で，どのように自己開示を行うか，つまり，適切な時，場所，そして受け手を選べているか，自己開示の返報性に即しているかどうかを考慮していくことが，自己開示の肯定的な効果を高めるためには大切だといえ

ます。

4. 心を筆記する方法：筆記開示法，ロールレタリング

(1) 自己開示の方法としての書記的方法

　私たちは，どのような条件がそろった時に，自己開示を行うのでしょうか。人が自己開示しやすくなる条件として，①自己開示しようと動機づけられているとき，②自己開示する機会があるとき，③自己開示する関係能力（スキル）をもっているとき，といった3つがあります。たとえば，C太くんが，失恋した直後で誰かに話を聞いてほしいと思ったときに，ちょうどそのことを話せる相談室が大学にあったことを思い出し，急ぎかけつけ予約を取り，面接室でカウンセラーに自分の思いを話すことができたといった場合です。この状況において，C太くんは，自己開示した結果，気持ちが整理され，落ち着くといったポジティブな結果を経験することになります。

　ただ，いつも上記の3つの条件が満たされるとは限りません。悩みごとを話したくても，十分な機会がない人もいれば，うまく相手に自分の話を開示する自信がない，あるいは，自己開示した後の受け手の否定的な反応やそれに伴う否定的な結果が予想される場合には，自己開示が抑制されます。榎本（1997）は，日本人の大学生が自己開示を抑制する際の要因を調べ，①現在の関係のバランスを崩すことへの不安，②深い相互理解に対する否定的感情，③相手の反応に対する不安といった3つを明らかにしました。

　自己開示は心身の健康度にもポジティブな結果をもたらす一方で，受け手との関係性の変化といったネガティブな結果を伴うことを考えると，直接的な対話という手法にのみ頼るのではなく，書くという行為を通して自己開示を行う方法，すなわち**書記的方法**も効果的な自己開示を促進する方法として注目されています。ここでは，書記的方法の代表格である**筆記開示法**と**ロールレタリング**（別称として，役割交換書簡法，想定書簡法）を見てみます。

(2) 筆記開示法

筆記開示法とはなにか

　筆記開示法は，1980 年代の半ばに，ペネベーカによって開発されました。ペネベーカは，人生の中で起こるさまざまなトラウマ経験について調べて行く中で，トラウマ経験を自己開示しないことが健康に悪影響をもたらすことに着目しました。そこで，ペネベーカは，誰にも開示していないトラウマを筆記することを通して，健康度に良い影響をもたらすのかどうかを調べるために，筆記開示法を試行したといわれています。初期に実施した実験は，入学したての大学生約 50 名を対象として，1 日に 15 分ずつ 4 日間，精神的苦痛をもたらす話題について筆記する群と，表面的な話題について筆記する群に分けて，彼らの 3 カ月後の医療機関の受診回数の違いを，実験に参加しなかった筆記なし群と比較するものでした。この実験から，精神的苦痛をもたらす話題について筆記した群は，表面的な話題について筆記した群と比較して，医療機関の受診回数が，約 4 割も少なかったことが分かりました（Pennebaker & Beall, 1986）。これは驚くべき結果でしたが，このペネベーカの研究以降，筆記開示法に関する研究が爆発的に欧米諸国や日本でも行われ，その有効性について議論がなされています（e.g., 佐藤，2012）。

筆記開示法がもたらす効果

　筆記開示法による効果は，生理的側面や心理的側面，そして，行動的側面と，多面的に現れることが知られています。

① **生理的側面**　筆記開示法を行った大学生の全般的な免疫機能が，中長期的にみると，向上するといわれています（e.g, Pennebaker & Beall, 1986）。たとえば，ぜんそく患者の肺機能を高めたり，エイズ患者の白血球数が増加したという報告もあります（e.g., Smyth, Stone, Hurewitz, et al., 1999 ; Petrie, Fontanilla, Thomas, et al., 2004）。また，自分にとって辛い話題について，筆記をした直後に血圧と心拍のレベルが下がったという生理的な変化を示した報告もあります（Pennebaker, Hughes, O'Heeron, 1987）。このように生理的なシステムに対し

第11章 心を筆記する 147

て広く好影響をもたらすことが分かっています。

②心理的側面 生理的側面とも相互作用しあう心理的側面に対しても，筆記開示法は効果を発揮します。心理的側面の主な反応としては，感情的側面があげられます。筆記開示法を行った直後には，生理的な反応と同様に，ネガティブな感情が増大するといわれています（e.g., Pennebaker & Beall, 1986）。筆記開示法を行うことで，辛い出来事に再度直面するわけですから，その直後にネガティブな感情が高まることは何も不思議なことではありません。カウンセリングを受けた直後に，ネガティブな感情が一時高まることと類似した現象ですが，別の見方をするならば，そのこと自体は，自己開示による効果の表れと受け取ることもできます。ただし，このようなネガティブな感情は長くは続きません。長期的に見れば，逆にネガティブな感情が低減することが明らかにされています。これは，その出来事に対する**馴化**が起きたと理解できます。特に，筆記の中で，感情には言及せず，事実だけを客観的に書くよりも，感情に関わる言葉を筆記する方が，予後のネガティブな感情の低減には効果があります。さらに，感情的側面への影響には，認知的な側面における変化が指摘されています。たとえば，ネガティブな反すうや侵入思考といった認知的な変数が，筆記を行うことで減少します（e.g., 荒井・湯川, 2006）。このように，認知的な反応が変化することは問題解決にとって重要な要素にはなりますが，最大限の具体的効果を得るためには，**認知的再体制化**が生じることが必要だと考えられます。言いかえるならば，自分にとっての辛い出来事に対する見方がより肯定的になったり，そこに新たな意味を見出して，自分がこれまで持っていた物語が再構築されることがなければ，効果は期待できないということです。

③ 行動的側面 上述したように感情的・認知的側面の変化に伴って，望ましい行動的側面の変化が現れます。学校の成績が向上したり（Cameron & Nicholls, 1998），数週間後に，他者との会話の頻度が増したり，以前より人づきあいに満足できるようになったと報告する人が増え，結果的に社会的な機能が高まったという指摘もあります（Pennebaker & Graybeal, 2001）。

筆記開示法を行う際の実施方法と注意点

筆記開示法は，トラウマ体験や怒りの感情といったさまざまな問題に適用さ

れてきましたが，その形式は一様ではありません。1日約15分間から20分間の筆記を，3-4日間連続して行う方法が一般的ですが，3週間程連続で筆記を行う方法も試されており，実際に効果が示されています。また，連続して筆記するのが良いのか，間隔を空けて筆記するのが良いのかという議論もありますが，1週間に1回を計4回行う方法も効果的だとする報告もあることを踏まえると（e.g., Smyth, 1998），自分のスケジュールと今現在の自分の問題に対する緊急性に応じて，筆記開示法に取り組むことが望ましいといえます。

　筆記開示法は手軽で有効な方法ではありますが，いくつか留意点もあります。1カ月以内に体験した深刻なトラウマ経験等について，筆記開示法を行うことには慎重になった方が良いとされています。元来，筆記開示法は過去にトラウマ体験を持った人のために考案された方法のため，その経験が自分の心に動揺を与えたり，日常生活に支障を来しているのであれば，筆記開示法の活用は有効でしょう。また，抑うつ傾向が高い人に対しては，抑うつに関連した認知（たとえば，自動思考）が増幅したとされる研究もあるため（吉田・大平，2001），落ち込みが強い時には，筆記開示法の実施は控えた方が良いといえます。

(3) ロールレタリング

ロールレタリングとはなにか

　ロールレタリングとは，自己と想定する他者との間で，架空の手紙のやり取り（往信・返信）を行うことを通して，問題解決を目指す方法です。ロールレタリングの誕生は，1984年に，少年院で教官を務めていた和田英隆氏がゲシュタルト療法における空椅子の技法（Perls, 1969）にヒントを得て，面接方式ではなく，手紙方式にして試したことがきっかけとされています。当時，和田教官が担当していた少年が書いた「お母さんからあなたへ」と題した手紙を偶然目にした春口（1987）が，自己洞察を深める方法として着目し，その成果を「ロールレタリング－自己洞察の技法として」というタイトルで日本交流分析学会にて発表したことが，世の中にロールレタリングという方法を広める契機を作ったといわれています。その後，矯正教育の処遇技法の一つとしてロールレタリングが注目されるようになり，最近では，教育，福祉，医療，看護分野

といったように，その適用の場が広がりを見せつつあります。また，扱うテーマも，育児不安（e.g., 橋本，2007）や中高生や大学生のメンタルヘルスの促進（e.g., 金築・金築，2018）を目指したものなど，実践的な研究も増えつつあります。

ロールレタリングがもたらす効果

　筆記開示法とロールレタリングの決定的な違いの一つが，他者を想定して筆記するかしないかという点です。筆記開示法は，自分の辛い経験における考えや感情について，他者を想定せずに書き続ける方法であるのに対し，ロールレタリングは，辛い経験を伝える他者を想定し，その相手と自分との間で視点を交叉させながら筆記します。つまり，ロールレタリングでは，他者を想定することで，自己内対話を活性化し，そのことを通して新たな気付きを得ることを目指します。春口（1987; 2013）は，ロールレタリングの具体的な臨床的効果を9つあげています。

①**文章による感情の明確化**　ロールレタリングを行うことで，自分の考えや感情が文章によって明確化する効果が得られます。
②**自己カウンセリングの作用**　ロールレタリングは，架空の手紙であるため，自分が差出人と受取人の両方を経験します。相手が手紙を読むことはなく，内容に触れる恐れもないため，自由で率直な表現が可能となり，守秘機能が保たれます。そのような中で，ありのままの自分の思考と感情を言語化することで，自己の問題に気づけるようになるため，さらに成長する方向に促されます。
③**カタルシス作用**　内容そのものが想定する他者に伝わることがないため，その反論もなく，それまで抑えてきた感情を思い切り訴えることができます。思う存分の心情の吐き出しができると，その結果として，相手への理解と受容の気持ちが育まれてきます。
④**対決と受容**　最初は，相手の視点に立って考えたり感じたりすると，相手の否定的な感情を素直に受容できないアンビバレントな状態に葛藤が生じます。しかし，そこに自己の考えや気持ちと対決させ，その経験を重ねることで，相手の視点に立った洞察が深まり，結果的に他者を受容する気持ちが育まれるの

です。

⑤**自己と他者，双方からの視点の獲得**　自分の中に相手の眼を持ち，その眼で自己と他者を見直すことで，そこにある対人関係の有り様を客観視できるようになります。

⑥**ロールレタリングによるイメージ脱感作**　相手の視点に立つことで，自己が抱いていた従来の相手に対するイメージが変化していくという現象が体験されます。イメージが変化すると，相手に対して新たな気持ちが芽生え，自身の問題の見方もそれに伴って変化していきます。

⑦**自己の非論理的，自己敗北的，不合理な思考に気づく**　ロールレタリングにおける自己と他者からの語りかけのプロセスを経ることで，自分のこれまでの非論理的，自己敗北的かつ不合理な思考を繰り返していることについての気づきが高まります。

⑧**技法的折衷主義認知行動療法**　ロールレタリングを行う過程において，自身の思考，感情，行動がイメージされ，それに関して「問うていわく，答えていわく」という問答方式で文章化することを通して，それら3側面の変容を促すという点では，技法的折衷主義認知行動療法としての長所を含んでいるといえます。

⑨**癒しの効果**　書くという行為によって，心身を解放することが可能となり，書き上げた時のカタルシスによる癒しの効果は，非常に大きいといえます。

ロールレタリングを行う際の実施方式と注意点

　ロールレタリングの実施方式は，4つに大別されます（春口，2007）。1つめは，個人を対象とした方式です。実際のカウンセリング場面において，クライエントが抱える矛盾点に焦点を当てて対決するような場面において，あえてロールレタリングを取り入れることで，カウンセラーとの直接的な対立を避けながらも，自己内対話を通して自己と他者との対決に直面することができるため，カウンセリングの一技法として面接場面で活用することができます。2つめは，集団を対象とした方式です。学級教育現場において，"いじめ"や"親子関係""教師との関係"といったテーマについて，集団でロールレタリングを施行する方法になります。また，大学生に対しても，教場において，"怒り

第 11 章　心を筆記する　　　　　　　　　151

感情のコントロール”といったテーマに関して，集団でロールレタリングが実施され，効果が報告されています（e.g., 金築・金築, 2018）。そして3つめの方式は，性的虐待や家庭の問題といった誰にも語ることのできないほど恥辱的な事柄について，まだカウンセリングを受けられる程の準備に至っていない場合への適用です。最後の4つめの方式は，多重人格障害（解離性同一障害）における基本的人格と仮想の別人格との役割交換を想定した活用法です。

　いずれの方式を用いるかは，ロールレタリングを実施する目的によりますが，ロールレタリングの実施を見守る人（カウンセラーや教師）がいることが大切だといえます。また，手紙を書く相手である“想定する他者”のタイプも，ロールレタリングの効果を規定する重要な要素になります。そのタイプは，大きく2つに分けられますが，1つは，自分にとって重要な他者を想定する場合で，残る1つは自分にとって葛藤する他者を想定する場合です。ただし，葛藤する他者を想定する場合には，その相手に直面できる心の準備ができていることが，危険を伴わず，効果を高める上で重要だといえます。手紙の中で，葛藤する他者に直面する心の準備ができていない場合には，自分にとって重要な他者に向けてロールレタリングを行うことが望ましいといえます。さらに，重要な他者は，過去や未来の自己や大切にしている物でも良いとされていますので，取り組みやすい相手を選ぶことから始めてみても良いかもしれません。

ワーク11　ロールレタリングに取り組んでみよう ❖❖❖❖❖❖❖❖❖❖❖

【1】往　信（約10分間）

(1)　あなたがこれまでに出会った人々の中で，「あなたの気持ちを優しく理解してくれて，あなたを温かく支えてくれた人」を一人思いだしてください。今はどこにいるかわからない人やすでに死んでしまっている人でも構いません。なかなか出てこないときは，比較的そういう感じの人をだれか一人決めてください。

(2)　次に，(1)で選んだ人に対して，“今，気がかりなことや聞いてほしいこと（人間関係，学業，恋愛，将来のこと等）”に関する手紙を書いてみます。その際に，「このように思っている」や「このように感じている」といった今の自分の素直な

気持ちを具体的に表してください。ただし，この手紙は投函しません。手紙を書きながら，自分の心の状態がどのように変化するかに注意を向けてみます。「今，私は」から始めてみます。

```
                    へ：
_____
_____
_____
_____
_____
_____
_____
_____
_____
_____
_____
_____
_____
                                          より
```

【2】返　信（約10分間）

（1）　往信で書いた手紙を，再度，声に出さずに目で読み返してください。そして，返信の手紙に取りかかります。

（2）今度は，（1）で往信を書いた相手が，あなたの手紙を受け取ったと仮定します。その相手は，あなたにどのように応えてくれるでしょうか。あなたがその受取人になって下さい。そして，その相手からあなたへの返事を，その人になり代わって書いて下さい。返信を書く際に，「〜と考えてみたら」や「〜としてみたら」という言葉を入れてみるのも良いかもしれません。その人からの受容感，優しさ，気遣い，そしてあなたの幸せへの願いといった強い想いを【返信】の文章の中に書きこむようにしてみましょう。

第 11 章　心を筆記する　　　153

```
                    へ：
_____

_____

_____

_____

_____

_____

_____

_____

_____

_____

_____

_____

_____

_____

                                          より
```

ディスカッションのポイント！

1. 自分がどのような状況において，自己開示をする傾向にあるのか振り返ってみましょう。
2. ロールレタリングを実際に行った後，どのようなことに気づきましたか。

今後の学習に役立つ参考文献

松岡洋一・小林　剛（編）（2007）．現代のエスプリ no. 482　ロールレタリング（役割交換書
　　簡法）　至文堂.

岡本茂樹（2012）．ロールレタリング：手紙を書く心理療法の理論と実践　金子書房.

Pennebaker J.W.（2004）．Writing to heal. New Harbinger Publications.（ジェームズ・W・ペ
　　ネベーカー　獅子見　照・獅子見元太郎（訳）（2007）．こころのライティング：書いて
　　いやす回復ワークブック　二瓶社）

第12章　アサーション力を高める

1. アサーションとは

(1) アサーションの定義と 3 つの表現方法

　私たちは日々さまざまな人とコミュニケーションをとって生活しています。そして，人は生まれながらに自分の表現したいことを表現して良い権利を持っています。平木 (1993) は，これを「アサーション権」といい，基本的人権の一つであると述べています。アサーション権は，より良い人間関係のための基盤といえます。その考え方と技法は，1950 年代にアメリカで生まれ，人間関係や自己表現の問題を抱える人のカウンセリングに取り入れられたのが始まりでした。その後，1960 年代から 70 年代のアメリカでの公民権運動の高まりから，アサーション権が注目されるようになり，効果的，積極的な人間関係の促進に活用されていきました。自己表現には，主に次のような 3 つのタイプがあります (平木, 1993)。

非主張的 (ノンアサーティブ)
　必要以上に相手のことを優先し，自分の考えや気持ちを尊重しない表現のことをいいます。自分の思考や感情を過度に抑えて，人の意見に従ったりします。また，意見や考えを言わないことだけではなく，曖昧な言い方をしたり，言い訳をしたり，消極的な態度をとることも含まれています。一見相手のことを考えた対応のように見えますが，自分の気持ちに素直ではなく，それは相手に対しても率直ではないことを意味しています。ノンアサーティブな自己表現をしてしまう背景には，自信の無さや強い不安，卑屈な気持ちがあると考えら

れます。ノンアサーティブな行動をとった後には，表現できなかった，しなかった自分への嫌悪感や劣等感が強まったり，気持ちをわかってくれない相手への不満が残ります。

攻撃的（アグレッシブ）

　自分の意見や考えを優先し，相手の気持ちや権利を尊重しない表現のことを言います。一見はっきりと自己主張しているように見えますが，人の意見は聞かずに，自分の思考，感情を相手に押しつけているため，結果的に相手を踏みにじっていることになります。よって，ただ単に相手を責めたり，怒鳴ったりすることを攻撃的と表現しているわけではなく，相手を従わせたり，自分の思うままに操作するような，相手の犠牲の上に成り立っている自己表現を含みます。お互いに傷つき，傷つけられ，関係性が悪化しやすいコミュニケーションです。

主張的（アサーティブ）

　自分の気持ちや考え，信念などを正直に，その場にふさわしい方法で表し，自分も相手も尊重する表現のことを言います。自分の思考，感情を素直に表しますが，それを相手に押しつけるわけではなく，相手の思考，感情も受け入れ，自分も相手も公正に扱おうと努めます。お互いの意見や感情を交わすことで葛藤が生まれることもあります。しかし，単に相手に同意，同調するのではなく，それぞれの違いを認め合い，歩み寄りながらより良い結論を出していこうとします。自信や余裕を持って相手と向き合うことができ，お互いにさわやかな気持ちで良好な関係性を築いていくことができます。

(2) アサーティブになるために

　自分の言いたいことをうまく表現できないことで悩む人は少なくありません。アサーティブになるにはどうしたら良いのでしょうか。

　1つめに「自分の気持ちを把握すること」です。"自分が何を言いたいのか""どのような気持ちなのか""何を感じているのか"が自分で把握できなければ自分をうまく伝えることはできません。日頃から自分の感情や考えを軽視

第 12 章　アサーション力を高める　　　157

し，押さえ込んでしまう経験が積み重なっていくと，次第に自分の気持ちに鈍感になっていってしまいます。まずは，自分が自分の気持ちに気づき，それを明確にしていくことが，アサーションの第一歩と考えられています（平木，1993）。

　2つめとして，「考え方をアサーティブにすること」です。たとえば，あなたは"相手のお願いを断ったらきっと嫌われてしまうに違いない""人にお願いしたら申し訳ない""自分の言うことは聞いてもらえるはずだ！"などのように考えることはないでしょうか。あまり意識していなくても，そうした思い込みが背景にあることで，結果的に自分のアサーティブな表現，行動を妨げてしまうこともあります。エリス（Ellis, 1999）は「○○しなければならない」「■■に違いない」という表現に見られるような根拠のない思いこみ，論理的に飛躍した特徴的な考え方を「**不合理な信念**」と呼んでいます（より詳細は，第 10 章を参照）。たとえば，相手のお願いを断ったからと言って嫌われるかどうかはわかりません。また，相手が自分を嫌ったとしてもそれは「相手」の受け止め方であり，こちらにはどうすることもできないことです。仮に相手に嫌われたとしても，全ての人があなたを嫌う訳ではありませんし，そもそも誰からも好かれるということ自体が非現実的でもあります。エリスは，こうした自分の不合理な信念の根拠を探したり，考えについて自分なりに**反論**（論駁）することで，考え方を変える手がかりを探していく方法を提案しています。"嫌われないにこしたことはないが，嫌われたとしてもそれは仕方がないことだ""自分を大切にしたい（体を休めたい）から，今日は断ろう"と考え方を切り替えていくことで，アサーティブな態度が取りやすくなっていくと考えられます。

　アサーティブに自己表現するための効果的な方法に「I（アイ）メッセージ」があります。これは，文章に「私」を主語としてつけることで自分自身の思考や感情を捉え，表明する話法です。たとえば，頭の中に「悲しいな……」という言葉が浮かんだとき，「私は悲しいと感じている」と捉えたり，「どうしよう」という言葉が浮かんだとき，「私はどうしたらよいか迷っている」と文章にしてみます。そうすることで，自分自身の考えや気持ちがより明確になってきます。また，他者に気持ちを伝える時もこの I メッセージを心がけると，自

分も相手も大切にした表現で気持ちを伝えることができるようになります。たとえば，「（あなたは）すぐに片付けなさい」や「あなたの考えは変よ！」のように「あなた」を主語にしたメッセージを「You（ユー）メッセージ」といいますが，こうした表現は，受け手側に不快な感情が喚起されやすくなりますし，相手を尊重した表現にはなりにくいものです。しかし，これらを「（私は）すぐに片付けてくれると助かる」や「私はあなたの考えに同意できないな」（Iメッセージ）といった伝え方に変えることで，自分の考え，感情を把握して，お互いを尊重した気持ちの良いコミュニケーションにつながっていくと考えられます。「私」が「あなた」について考えたことは，あくまで「私」が感じたことである，ということを明確に受け手側に伝えることが大切です。

　アサーションのことを知ると，「アサーティブに主張しなければならない」と新たな考えに縛られてしまう人もいますが，アサーションしないことも権利です。自分の責任によってそれを選び，代わりにその結果を自分で引き受ければよいのです（平木，1993）。

　うまく自己表現できないことを「性格」の問題と片付けずに，考え方，行動の取り方を工夫し，練習することでアサーションのスキルは身につけていくことができます。

ワーク12　アサーションスキルを練習しよう：不合理なお願いを断るためのアサーション　✳✳✳✳✳✳✳✳✳✳✳✳✳✳✳✳✳✳✳✳✳

次の内容を読んで，アサーティブに断る練習をしてみましょう。

　あなたはレストランでアルバイトをしています。明日大学の定期試験があるので，アルバイト先にはあらかじめそのことを申し出て，今晩あなたは休みを取っています。明日の試験はなかなか難しい内容で，専門科目のため単位を落とすわけにもいきません。そのため，あなたは今から帰って試験勉強をしようと思っていたのでした。夕方の講義が終わって帰ろうとしたあなたのところに，同じ大学に通うアルバイト先の同僚が駆け寄ってきて，次のように言いました。「実は今日サークルの急な用事が入っちゃって……どうしてもバイトに行けなくなっちゃったんだ。バイトのリーダーに休みたいことを連絡したら，代わりの人を探すよ

うに言われて……でもみんなに断られちゃって困ってるの……今日私の代わりにシフトに入ってくれない。お願い!!」

非主張的の例

　あなたは，自分の勉強ができなくなってしまうことへの不安を抱えながらも，困っているなら仕方がないと考えて，ぎこちなく微笑みながら「いいよ，代わってあげる」と言い，アルバイト先に向かいます。アルバイトをしている最中も，試験のことが気になって仕事が上の空になってしまい，ついにはミスをしてリーダーから叱られてしまいました。さらには，そのミスへの対応で帰りがすっかり遅くなってしまい，疲れ切って勉強どころではなくなってしまいました。

攻撃的の例

　急にそのようなことを言われたあなたは，思わず怒りがわいてきました。不愉快な顔をして「よくそんな自分勝手なこと言えるよね。私は明日大事なテストがあるんだから，あなたのわがままなお願いになんて付き合っていられないの。だいたい自分の予定の管理が甘いからそういうことになるんじゃないの？」とイライラしながら言いました。後から言いすぎてしまったかも……と気がかりになるものの友人の態度に納得もいかず，友人は反省しつつも傷ついた様子で，それ以降2人の仲は気まずくなってしまいました。

ロールプレイのやり方

1. まず，主張的に断る表現をできる限りたくさん考えてみます。

2. 2人組になって，ロールプレイをやってみましょう。
① 頼む側役と頼まれる側役を決めます。
② 頼む側役の人は，何とかしてアルバイトを代わってもらえるように，断られ

ても何度も頼み続けてください（いろいろな自己表現の方法で頼んでみましょう）。頼まれる側役の人は，自分の考えた"主張的"な表現を使って，何としてでも断り続けてください。50秒間やりとりを行います。
③　役割を交替して，同じように行います。
④　最後にそれぞれの感想を共有してみましょう。

2. 問題解決のステップ

(1) 問題解決までの5つのステップ

　私たちは，毎日の生活でさまざまな問題に直面します。問題解決とは，そうした問題場面を処理するために効果的な方法を考え，発見するプロセスです。問題が生じた時に，自分一人で解決策を見出していくことは，様々な困難を自律的に乗り越えていくために大切なことです。しかし，問題の性質や状況によっては，問題や悩みを一人で抱え込みすぎずに，人と話し合ったり，意見をもらったり，周りの協力をあおぐことでより良い問題解決へと繋がっていくことがあります。「3人よれば文殊の知恵」ということわざが表すように，自分では思いつかないようなアイディアを人は持っていたり，集団の力でより効果的で新たな解決策が生み出されることがあるのです。

　問題解決にはさまざまなモデルが提案されていますが，ここでは5つのステップから問題解決までのプロセスを考えてみます。

ステップ①　問題解決への志向

　まずは，問題が発生していることを認識します。もしある状況で，怒りや悲しみ，不快感といったネガティブな感情を感じたとすれば，その感情自体は問題ではなく，それは今問題が発生していることを知らせる心のサインと捉えると良いでしょう。そして，ここで問題と積極的に向き合い，解決に向けての動機づけを高めていくことが大切です。「ピンチはチャンス！」という言葉があるように，「この問題は自分にとって何かを変えるよい機会になる」と考えて

第12章　アサーション力を高める　　161

みることや「意見を交わしていくことでより良い方向が見えてくるはず」といったように，問題解決に向き合うことでもたらされる肯定的な面に目を向けてみましょう。「自分はきっと解決できる！」といった自分に対する言葉かけ（自己教示）を行い，自己効力感を高めていくことも問題を乗り越えるうえで大きな力となります。

ステップ②　問題の明確化と目標設定

　次に，状況，相手，自分などについての情報を収集します。ここでは，客観的な事実と推測，解釈，仮定を区別することが大切です。たとえば，次の5Wの観点から，問題状況を整理すると良いでしょう。

1. When：いつ問題が発生した／しているのか
2. Where：どこで問題が発生したのか
3. Who：誰が問題に関係しているのか
4. What：問題は何か
5. Why：なぜそれが問題なのか

　そして，今直面している問題を具体的な言葉で定義してみます。たとえば，「友人とけんかをした」という説明では問題の記述が抽象的です。5Wから考えると，「今日（When）電話でAくんと（Where，Who），卒業旅行の行き先について意見が割れて，言い合いになり（What），なかなか決まらない（Why）」というように定義することができます。その定義をもとに，"自分はこの状況をどうしたいのか" "何をどのように変えれば良いのか" という問いを重ねながら，現実的に達成が可能で具体的な目標を設定します。

ステップ③　解決策の案出

　次のステップでは，問題解決に向けてさまざまな解決策をあげていきます。この時に有用な方法として，オズボーン（Osborn, 1957）の提唱した**ブレーンストーミング（Brainstorming）法**があります。ブレーンストーミング法には，次のような2つの原理があります。1つめは，できるだけ多くのアイディアを

出すこと（数の原理）です。はじめに出されたアイディアが最善であることは
滅多にありません。アイディアを多く出せば出すほど，良いアイディアが浮か
びやすくなります。すなわち，量が質を生んでいきます。たとえば，思いつい
た1つのアイディアをさらに具体的な内容に掘り下げて考えてみると良いでし
ょう。2つめは，出されたアイディアについて批判し合わないことです。内容
の善し悪しの判断は先延ばし（判断延期の原理）にして，アイディアの流れを
止めずに，自由にいろいろな発想を出し合っていきます。批判をする代わり
に，新たなアイディアを提案したり，出されているアイディア同士を繋げて発
展させることなどを心がけることで，独創的な解決策も生み出されていきま
す。集団の中に独創的な考えも許容し合える雰囲気があることが大切です。

ステップ④　解決策の選択，決定

　ステップ②の目標について，ステップ③で集まった解決策を実行したとき，
どの程度目標を達成することができるかを考えてみます。たとえば，"実際に
実行できるか""短期的，長期的にどの程度の成果がもたらされるか""どの程
度コスト（金銭的，時間，心理的・身体的負担など）がかかるか"などの観点か
ら検討してみます。実行可能性を高めるために，それぞれを掘り下げて，より
細かく設定することもできます。これらをもとに良いと思われる解決策を選
択，決定します。

ステップ⑤　解決策の実行と評価

　ステップ④で決定した問題解決策を実際に行ってみます。そして，目標と照
らし合わせながら，問題が実際に解決されたか，またその効果について検証
し，評価をします。もし解決しなかった場合には，解決のプロセス（①から
④）と解決策の実行（④）のどの段階に，どのような問題があったのかを検討
します。これらの振り返りと評価が，より良い問題解決策の検討にも繋がって
いきます。

第12章　アサーション力を高める　　　163

3.　問題解決にアサーションを活かす

　様々な困難な問題に遭遇した時にも，安易に諦めてしまったり，短絡的に行動せずに，可能であれば問題解決の5つのステップを活用して，周りの人と協力し合いながら解決していく努力をすることが大切です。また，その問題が人間関係の改善やコミュニケーションの取り方で解決できそうな内容である場合，アサーションはとても役立つ方法です。特に，人に「想いを伝える」「お願いする」「言いにくいことを伝える」などの場面で，アサーティブに自己表現することは問題解決に効果的と言えます。

ワーク13　みんなで問題を解決しよう ❖❖❖❖❖❖❖❖❖❖❖❖❖❖❖❖

次の内容を読んで，問題解決のステップを参考に，解決策を考えてみましょう。

　あなたは仲の良い友人のAくんと，大学入学を機にルームシェアを始めました。あなたはきれい好きで掃除もよくしますが，Aくんは部屋が散らかっていても汚れていてもまったく気にしない人です。片付けの分担を曜日ごとに決めましたが，Aくんは大抵守ってはくれず，気づけばいつもあなたが部屋の片付けをしており，常に不満に思っていました。

　あなたは今日，友人たちをはじめて家に招待しました。しかし，家の中はAくんの荷物や食べ残しなどの残骸でとても散らかっています。あなたはもうすぐ友人たちを駅まで迎えに行かなければならないので，Aくんに片付けを手伝ってほしいと強く思っていますが，Aくんは気にせずテレビゲームをしています。あなたの中にはだんだんと怒りが込み上げてきました。

グループワークのやり方

① 　5人前後のグループを作ります。

② 　自己紹介をしましょう（1人につき1分30秒）。

③ 　上の内容を読んで，問題解決のステップのうち，まずステップ②（問題の明確化と目標設定）について，グループで話し合います。そして，グループ内で

具体的な目標を設定します。

【目標】

④ 次に，問題解決のステップ③「解決策の案出」に取り組みます。グループで
ブレーンストーミングを行い，できる限り多くの解決策を出しましょう。

⑤ 問題解決のステップ④「解決策の選択，決定」を行います。グループで話し
合い，良いと思う解決策を，1，2個に絞ります。

⑥ 最後にグループワークを行った感想を共有しましょう。

出典：相川（2000）を参考に，著者が作成

ディスカッションのポイント！

〈ワーク12について〉
　I メッセージを使った自己表現ができているか，また，自分の主張，気持ちに気づき，自分も相手も大切にした伝え方をしているかを話し合ってみましょう。
〈ワーク13について〉
1. 問題解決のステップが一つ一つこなせているか，グループで確認してみましょう。
2. 自分なら，A くんに対して，アサーティブな態度が取れるか，またどのような解決策ならばそのようにできそうか，考えてみましょう。

今後の学習に役立つ参考文献

相川充著（2000）．人づきあいの技術：社会的スキルの心理学　サイエンス社.
平木典子（2007）．図解　自分の気持ちをきちんと伝える技術：人間関係がラクになる自己カウンセリングのすすめ　PHP 研究所.

第13章 リラクセーションスキルを獲得する：呼吸法，漸進的筋弛緩法

1. リラクセーションを学ぶ意義

　私たちは日々，様々なストレスとなる出来事を経験し，それらと向き合いながら過ごしています。そして，こうしたストレス状況下で生じる自然な心身の反応の一つに，緊張（覚醒）状態があります。こうした状態は「**闘争逃走反応**」とも呼ばれ，元来，ストレス状況に対する抵抗力や対処力を高め，自分を守り，生き抜くために有益な反応です。すなわち，覚醒を一時的にあげることで，ストレス状態に立ち向かい，乗り越えやすい適応的な状態を作り出しています。しかしながら，こうした緊張（覚醒）が長期化したり，過剰になるにつれて，「過」覚醒の状態となり，様々な不適応を生じさせます。たとえば，覚醒し続けること自体にエネルギーを消費しすぎてしまい，集中力や気力が持続しにくくなってしまったり，心身的な疲れが蓄積していき，疲れが取れない状態が続く場合もあります。また，こうした過覚醒が様々なメンタルヘルスの問題（精神障害等）の一部を構成する場合があります。たとえば，不眠症や各種不安障害では，過覚醒が病態の維持要因となることで，症状が持続されやすくなり，生活の支障となります。

　そこで本章では，自分を支えるリソースの一つとして，ストレス状況下で生じる過覚醒を和らげる技術である「リラクセーションスキル」を学ぶことを目的とします。具体的には，五十嵐（2015）や Westbrook, Kennerley, & Kirk（2011）や Jonathan（2012）の知見に基づき，リラクセーションの概要を理解するとともに，呼吸法，漸進的筋弛緩法という2つの代表的なリラクセーションスキルについて，ワークに基づきながら，学びます。

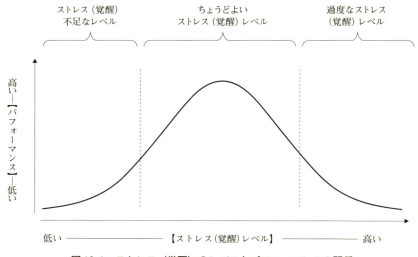

図 13-1　ストレス（覚醒）のレベルとパフォーマンスの関係

2. ストレス反応としての緊張（覚醒）とリラクセーションの関係

　ストレスは一見すると悪者のように扱われています。しかしながら、図13-1に示すように、実は適度なストレスは、私たちにちょうどよいレベルの覚醒を促します。それにより、集中力やパフォーマンスが高まり、QOL（Quality of Life: 人生の質や充実感）を高めることがわかっています。それに対し、ストレスが少なすぎる状態でも、一方で、多すぎる状態でも、パフォーマンスは発揮しにくくなり、QOLが低下しやすくなります。さらに、過覚醒が続くと、パフォーマンスが上がらないばかりか、心身への悪影響が生じるリスクが高くなります。

　そのため私たちが、生活の中で自分の力を適切に発揮していくためには、自分にとっての"適度なストレス状態（覚醒状態）"の範囲を把握するとともに、必要に応じて、過度なストレス状態（過覚醒）を和らげられるようにコントロールできるようになっておくことが有用であり、そのために開発された技術が

第13章　リラクセーションスキルを獲得する　　　167

表13-1　リラクセーションスキルの代表例とその特徴

代表的手法	特　徴
呼吸法	呼吸を整えることで，リラックスを得る。
漸進的筋弛緩法	筋緊張を和らげることで，リラックスを得る。
自律訓練法	自己暗示を使って，リラックスを得る。具体的には，6つの公式に沿い，「自分の体の部位がリラックスできている状態である」という意味合いの言葉かけを頭の中で静かにゆっくり繰り返し唱えながら，体の感覚に注意を向けることで，リラックスを得る。
マインドフルネス瞑想	過去や現在に関する様々な思考が自然と浮かんできても，それを否定したり評価したりせず，あるがままに受け入れながら，身体感覚に注意を向け，今この瞬間の体験を味わうことで，リラックスを得る。
バイオフィードバック	身体的な覚醒度を数値化できる機器を使い，その数値をモニターしながら，数値が下がるように自分の心身を調整することで，リラックスを得る。
誘導イメージ法	特定のイメージ（と，それを思い浮かべることによる心の変化）を利用して，リラックスを得る。

リラクセーションスキルです。

3. リラクセーションスキルの代表例とそれぞれの着眼点

　リラクセーションスキルには様々な手法があります。表13-1は，一定の効果が支持されている代表的な手法とその着目点をまとめたものです。

　こうしたリラクセーションスキルはどれも身体に生じる緊張（覚醒）を下げ，リラックスした状態を作り出す効果があります。しかしながら，リラックスを得るための着目点がそれぞれ違っており，効果を発揮するためのメカニズムに特徴があります。本章の後半では，一般的によく普及しており，時と場所を選ばずに使えて，シンプルながら効果が実感しやすい手法として，**呼吸法**，**漸進的筋弛緩法**について詳述しますが，それ以外の手法について詳しく学びたい場合には，章末の参考文献に記した書籍を参照することをすすめます。なお，この2つは今回紹介を割愛するその他のリラクセーションスキルでも取り入れられており，その一部となっていることが多いものです。その意味でも，様々なリラクセーションのベースとなる技術としても学んでおくことがおすす

めです。

(1) リラクセーションスキルの効果を高めるコツ

リラクセーションスキルには様々なものがありますが，おおむね，どの手法にも共通する効果を高めるコツとして次の4点が挙げられます。

静かな環境を作ること

できるだけ邪魔の入らない静かで落ち着いた環境を選ぶことが理想です。静かな場所にいると心身が整いやすく，また雑念もわきにくくなったり，わいても流しやすくなります。

楽な姿勢でいること

リラクセーションスキルによっては，特定の姿勢でいることが推奨されている場合もありますが，まずは自分自身に無理のない自然な姿勢を大切にして取り組むことがおすすめです。

受け身の態度を大切にすること

「リラックスしよう」「体を緩めよう」と意気込み，自分の体の変化を無理に起こそうと躍起になるのではなく，それぞれのリラクセーションスキルのやり方に沿って実施することに集中し，それに注力します。そして，その結果として，"リラクセーション反応が自然に生じてくること"を受け身的に味わうようにします。自分の体に対して「リラックスするぞ，リラックスさせるぞ」というスタンスではなく，「あ〜。確かに，少しずつリラックスできてきたかもしれないな〜」ということを味わうスタンスです。

様々な雑念や心配事から距離を置けるように，集中する対象を作ること

上述の受け身的態度でいることとも関連しますが，一般的には，覚醒の基になっている思考（たとえば心配事や雑念，悩みなど）と距離をおくことも，リラクセーション効果を高めます。しかしながら，そうした思考は"考えないようにしよう"としても，どうしても浮かんできてしまうものです。そこでリラク

セーションスキルでは，"余計なことを考えないようにしよう"とするよりも，"何か別のこと（たとえば，それぞれのリラクセーションスキルの実施法やそれに伴う心身の変化）に注意を向けて，そこに集中する（ことで，余計な心配や雑念に囚われることを減らしていく）"ことを重視しています。

(2) リラクセーションを練習していく際の心構え

さらに，リラクセーションを練習していく際の心構えとしては，次の8点を意識しておくことが役立ちます。

最初はうまくいかなくて当たり前。だんだんうまくできるようになっていく

リラックスできるようになるというのは，スポーツや英会話と同じようにスキルを練習し，習得していくものです。規則的な練習が必要であり，だんだん上手になります。

まずは平常時で。それができたら，緊張する場面で

最初から緊張する場面で練習しようとしても，なかなかリラックスを実感できず，うまく使えないことが多いものです。そのため練習をしていく場合，まずは，すでに落ち着いているとき，もしくは若干の緊張を感じているときに，練習を始め，リラックスが深まる実感を得ていくことがおすすめです。

まずは，外的な刺激の少ない状況で

静かで刺激の少ない場面の方が練習がしやすいものです。電話やその他の邪魔が入らないようにしておくことがおすすめです。

まずは，内的な刺激も少ない状況で

空腹時や過度の満腹時，もしくは胃の不調などの体に違和感があるような場合は，練習がしにくいものです。もしそうした状況下でリラックスできるようになることが目標となる場合であっても，まずは体調の平常時に練習をして，慣れていくとよいでしょう。

自分にあったスタイルを探して構わない

　たとえば，人によっては目を閉じた方が集中しやすい人もいます。そのため，もし抵抗がなければ，周囲の情報に気が逸れないように，目を閉じて練習を始めるほうが簡単とされています。一方で，ただ目を閉じることに不安や抵抗を覚え，リラクセーションの支障になる方もいます。その場合には無理をして目を閉じる必要はなく，目を開いたまま練習をしていくとよいでしょう。このように自分に合ったスタイルを模索して構いません。

難しい場面でのチャレンジは，徐々にステップアップしていけばいい

　基本的なスキルを習得できてきたら，不安や緊張を感じる場面でも実際に練習していきます。その場合，まずは軽めの緊張場面からスタートし，慣れてきたら難易度を上げていくといいでしょう。

1回は短い時間で構わないので，定期的に（できるだけ毎日），練習する

　1回の練習は短くても構いません。自分が定期的にできると思う時間で練習に取り組んでください。手法によっては，15分ほど続けられると効果が実感しやすいとされていますが，5分だけでも十分効果が得られる場合も少なくありません。負担のない範囲で設定し，続けていくことが大切です。

練習の成果をモニターする

　自分の緊張の程度がどの程度かをその都度モニターし，場合によっては数値化して記録していくことが有用です。先述の通り，リラクセーションは繰り返し練習していくことでうまくなります。モニターをすることで，自分がどういう場面で緊張が収まりにくいのかがわかってくることもありますし，自分がどのように進歩を遂げたのかを自覚できることで練習のモチベーション維持にも役立つといわれています。そのため，負担が大きくないようであれば，練習をいつどのような状況でやったのか，そして，練習の後にどれくらいリラックスを実感できたのか，を自分自身で記録しておくとよいでしょう。

　具体的な記録のつけ方については，自分にあった負担の少ない記録のつけ方を見つけてもらうのがよいと思いますが，参考までに，練習記録表の例を図

第 13 章　リラクセーションスキルを獲得する　　　171

練習スキル：　呼吸法

日　付	練習前のリラックスの程度（1〜10点） 1：全くリラックスしていない 10：とてもリラックスしている	練習した時間(分)	練習後のリラックスの程度（1〜10点）
1月1日	3	5分	5
1月2日	6	10分	8
1月4日	7	5分	8

図 13-2　練習記録表の例

13-2 に示しておきます。

4. 呼吸法

　呼吸法とはリラクセーションを得るために"呼吸"に着目した方法です。私たちは日常生活において，自分の呼吸に意識を向ける機会はあまり多くないかもしれません。しかしながら，一般的に胸式呼吸よりも，腹式呼吸の方がリラクセーションを得られやすいことが知られています。

　胸式呼吸とは，胸を膨らませ，肩を挙げて，息を吸いこむ形の，速くて浅い呼吸です。ストレスがかかり，緊張感が高まると，だれでも胸式呼吸になりがちなのですが，これが過度になると（たとえば，過呼吸状態になると），一時的にであれ，息苦しさ，倦怠感，めまい，手先のしびれ感，焦燥感，混乱などといった一時的な感覚が生じ，それ自体がストレスを増すこともあります。

　一方，腹式呼吸とは，リラックス時にも自然に生じる呼吸で，胸部と腹部を隔てている横隔膜の動きによって，呼吸とともに腹部が膨らんだりへこんだりする形で，肺の深くまで空気が送りこまれる呼吸です。腹式呼吸をイメージするためには，他人が眠りに落ちたあとにする深い呼吸を想像してもらうとわかりやすいかもしれません。ストレスがかかり，緊張が高まった際にも，この胸式呼吸を試みることで，体がほぐれ，気持ちを落ち着かせることができ，ストレスを和らげる機能が期待できます。そのため，呼吸法ではこの腹式呼吸をべ

ースに，特定の呼吸の仕方を実践することで，リラクセーションを得ていきます。

(1) 呼吸法が効くメカニズム

呼吸を整えることにより，身体的覚醒（生理的な覚醒）と認知的覚醒（心配や雑念などの思考に基づく覚醒）の両面にアプローチすることが可能です。まず生理的には，腹式呼吸により，呼吸数が安定し，身体中の酸素と二酸化炭素のレベルのバランスが保たれ，心拍数が正常化します。それにより，ストレスに伴う筋緊張を和らげていきます。あわせて，認知的には，意識を呼吸に向け，そちらに集中することで，余計な雑念や心配ごとから距離を置きやすくなる（頭をからっぽに近づけたり，雑念がわいてもそれに振り回されにくくなる）という効果があります。

ワーク14　呼吸法 �diamonds✧

呼吸法にはいくつかの代表的なやり方がありますが，本書では次の3ステップに基づいて体験的に練習してみます。

ステップ1：練習前の準備としての腹式呼吸

まず，腹式呼吸を意識します。腹式呼吸のイメージがつかない場合，時計やストップウォッチを使って，自分自身の1分間の呼吸数を測ってみましょう。この時に，1分間に10～12回の呼吸であれば，胸式呼吸がうまくできている場合が多いようです。もしうまく呼吸ができない場合には，片手を胸部に，もう一方の手を腹部に置いてみてください。そして，息を吸い込む時には，腹部を前に膨らますよう意識してみます。その際に，空気が肺に入っていくことを感じながら，腹部が膨らむ感覚に注意を向けてみます。うまく腹式呼吸ができていれば，腹部に置かれた手が前に動く，胸部に置いた手はほとんど動かないはずです。

ステップ2：練習前の準備としての姿勢

楽な姿勢を取ります。椅子に座ってやる場合は深めに腰をかけるとよいとされています。椅子でうまくできないと感じた場合には，横になるとやりやすいとされて

います。

ステップ 3：呼吸法の実施

　呼吸は，鼻から息を吸い，口から息を吐きます。息を吸い込む時には，鼻の中の粘膜に涼しい風が通り過ぎて，粘膜が冷える感覚に意識を集中してみると身体感覚に注意が集中できるとともに，リラクセーション効果を上げるとされています。

　息を吐く時には，腹部の筋肉を緊張させ，できるだけ多くの空気を口から出します。その際，誕生日ケーキのろうそくの火を消すように「ふぅ～」と吐き，その空気を吐ききるイメージをするとよいでしょう。また，息を吐きながら，頭の中で数字を数える方法も雑念から距離を置きやすくなる点でおすすめです。その場合，息を吐きながら，「い～ち（1）」と頭の中で唱え，吐き終わった後にまた息を吸い，次に吐く時には「に～い（2）」と唱えていきます。こうして，「じゅ～う（10）」までいったら，また「1」に戻り，繰り返します。これを 5 分（～15 分）試してみて，どのくらいリラックスを実感できたか体験してみてください。

5. 漸進的筋弛緩法

　漸進的筋弛緩法は，"筋肉の脱力" に着目したリラクセーション法です。ジェイコブソン（Jacobson, 1929）が考案しました。私たちは，ストレスに曝されると，緊張度が高まり，それが持続すると負担になることがあります。場合によっては肩こりや疲労感などの症状につながるかもしれません。しかしながらこうした筋緊張は，ただ脱力しようと思ってもなかなかうまくできないものです。そこで効率的に筋緊張を和らげるリラクセーションスキルとして開発されたものが漸進的筋弛緩法です。

（1）漸進的筋弛緩法が効くメカニズム

　漸進的筋弛緩法では，「筋肉は一度，意図的に緊張させたあとに一気に脱力させると，平常時に戻るばかりでなく，さらに深い脱力（リラクセーション）が得られる」という筋肉の基本的なメカニズムを利用します。このメカニズム

は，皆さんの「のび」を思い出してみるとわかりやすいかもしれません。のび
をする時，一度，「ぐ〜っ」と力を入れた（伸びた）あと，「はぁ〜〜」と脱力
しています。この時に皆さんに得られているリラックス効果は，まさに漸進的
筋弛緩法が利用するメカニズムそのものといえます。

ワーク15　漸進的筋弛緩法

　漸進的筋弛緩法にもいくつかのやり方がありますが，本書では，簡易版として普
及しているプログラムに基づき，次の4ステップに従って，ワークを実施します。
なお，全力で筋肉を緊張させようと，一気に力を入れ過ぎてしまい体を痛める場合
があるため，だいたい一度の筋緊張は，全力の70％程度の力で，一回は10秒程度
で構いません。また，この簡易版をすべてやる時間がない場合には，自分自身が筋
緊張を解きたいと思う体の場所だけを優先して練習していくことも可能です。

ステップ1：下半身（脚，足，お尻）の筋緊張⇒筋弛緩

　まずは両脚のすべての筋肉を「ぎゅっー」と緊張させます。両足首を屈曲させ，
緊張を維持しながら，（腹式呼吸で）ゆっくりと息を吸います。10秒ほど，そのま
まにしてから，一気に緊張を解き，ゆっくり息を吐きながら，リラックスした感覚
を20秒ほど実感します。

ステップ2：上半身（背部と腹部）の筋緊張⇒筋弛緩

　深呼吸しながら，10秒間，できる限りお腹と胸に力を入れ，そのまま8〜10秒ほ
ど，緊張を保ちます。その後，緊張を解き，ゆっくり息を吐き，リラックスした感
覚を20秒ほど実感します。

ステップ3：肩から上の部分（腕，肩，首）の筋緊張⇒筋弛緩

　両腕を胸の前で組んで，固く拳を握ります。腕，拳，肩の筋肉を緊張させます。
（腹式呼吸で）ゆっくり息を吸いながら，10秒ほど緊張を保ちます。その後，緊張
を解き，ゆっくり息を吐き，リラックスした感覚を20秒ほど実感します。

第13章　リラクセーションスキルを獲得する　　175

ステップ4：顔面の筋緊張⇒筋弛緩

　額にしわを寄せたり，口を尖らせたりして，顔面の筋肉を緊張させます。（腹式呼吸で）ゆっくり息を吸いながら，8〜10秒ほど緊張を保ちます。その後，緊張を解き，ゆっくり息を吐き，リラックスした感覚を20秒ほど実感します。

ステップ5：全身がどれだけリラックスできたかを確認する

　筋弛緩ができると，"じわっ"と温かく感じたり，"じーん"とした感覚や"さわさわさわー"という感覚などが得られているかもしれません。そうした体の感覚を味わってみましょう。

6.　さいごに

　以上，リラクセーションスキルについて紹介し，具体的な例として，呼吸法と漸進的筋弛緩法について学びました。こうした知識と技術が，皆さんの日々の生活に少しでも役立つものとなってもらえたらと願っています。なお，自分だけではうまくできない場合や，時には自分には合わない（場合によっては悪影響を感じる）こともあるかもしれません。その際は，スキルの選別や継続するかどうかの判断を含め，ガイド役がいると安心ですので，必要に応じてカウンセラー，セラピスト，医師等の専門家に相談してみるとよいでしょう。

ディスカッションのポイント！

1. 自分が過度にストレスや覚醒を感じるシチュエーションを思い出してみましょう。
2. そのシチュエーションで活用できそうなリラクセーションスキルを選び，いつどのような場面で，どのように練習していけそうかを計画してみましょう。
3. 計画に沿って，リラクセーションスキルを1週間練習してみて，結果をモニターしてみましょう。

今後の学習に役立つ参考文献

Benson, H. & Klipper, M. (2000). *The Relaxation Response*. HarperCollins, New York.（ベンソン, M. クリッパー, M. 中尾睦宏・熊野宏昭・久保木富房（訳）(2001). リラクセーション反応　星和書店）

福山嘉綱・自律訓練法研究会（著），中島節夫（監修）（2015）．臨床家のための自律訓練法実践マニュアル：効果をあげるための正しい使い方　遠見書房．

Kabat-Zinn, J. (2002). *Guided mindfulness meditation*. Lexington. MA: Sounds True.（カバットジン，J．春木豊・菅村玄二（訳）（2013）．4枚組のCDで実践する マインドフルネス瞑想ガイド　北王子書房）

竹林直紀（編著），神原憲治・志田有子（著）（2011）．バイオフィードバックとリラクセーション法　金芳堂．

コラム6　食とコミュニケーション

　私たち人間にとって，「食事をすること」は，単に空腹を満たす，生命を維持する目的を果たす活動だけにとどまりません。おいしさを人と分かち合ったり，食事を通じたコミュニケーションによって，他者と心を通わせ，相互理解を深める機能を持つ活動といえます。

　誰かと一緒に食事をすることを「共食」，一人で食事をすることを「孤食」といいます。共食頻度が多いほど良好な精神的健康状態にあり，健康的な食品の摂取頻度も多い一方で，孤食頻度の多さはこれらと相反する問題をもたらすことなどがわかっています（會退・衛藤，2015）。近年では特に，子ども，若年者，高齢者における孤食が与える心理社会的な影響が問題となっています。幼児期の食事時間を通した楽しい親子の心の交流は，好ましい親子関係を構築し，青年期における自我同一性や独立意識の形成を促すこと（大谷他，2003）からも，食事体験が心の成長にも深く関わるといえるでしょう。近年では，国をあげて共食を推進する動きもみられます。

　大学生になると，一人暮らしや寮生活を始めたり，ゼミやサークル，アルバイトなど，さまざまな活動によってライフスタイルが変わってきます。それらに伴って，食事の時間や場，誰と何をどのように食べるか，といった食事のとり方にも変化が生じてくる時期です。しかし最近では，一人で食事をする「ぼっち飯」，昼食を一人で食べるのが怖いと感じる「ランチメイト症候群」という言葉も生まれています。一人で食事することにストレスや強い孤独を感じ，日常や学校生活に影響が出てくることは，確かに問題かもしれません。一方で，たとえば昼食をひとりで食べる理由（複数回答）として「自由に時間を過ごしたいから」（56.3％），「周囲に気を遣わなくてすむから」（42.6％）と回答する大学生もそれぞれ半数ほどいること（内閣府，2009）がうかがえます。孤食自体もそれをどのよ

コラム6　食とコミュニケーション　　177

うに自分が認知し，感じているかによって問題は大きく異なってくるといえるでしょう。「おひとりさま」という言葉も生まれ，それが象徴しているように，工夫次第では一人の食事を充実した自分の時間にすることも可能です。他者との食事も一人の食事も楽しめる柔軟性こそが，心を豊かにする食事へとつながっていくのかもしれません。

　さて，あなたは普段どのように食事をとっていますか。また，自分の食事のとり方についてどのように捉えていますか。ぜひ振り返ってみましょう。

引用文献

第 1 章

Cantor, N., & Kihlstrom, J.F.（Eds.）（1981）. *Personality, cognition, social interaction*. Hillsdale, N. J.: Lawrence Erlbaum.

Cooley, C. H.（1902）. *Human nature and social order*. New York: Scribner's.

福島修美（2005）. 自己理解ワークブック　金子書房.

James, W.（1890）. *The principles of psychology*. Cambridge, Masschusetts: Harvard University Press.

國分康孝（1984）. 第 8 章　性格　西昭夫・國分康孝・山中祥男・菅沼憲治（編）心理学　theory & exercise　福村出版

Markus, H.（1982）. Self-schemata and processing information about the self. *Journal of Personality and Social Psychology, 35*, 63-78.

Markus, H., & Smith, J.（1981）. The influence of self-schema and the perception of others. In N. Cantor & J. F. Kihlstrom（Eds.）, *Personality, cognition, and social interaction*. Hillsdale, N. J.: Lawremce Erlbaum.

Rogers, C. R.（1951）. *Client-centered therapy : Its current practices, implications, and theory*. Houghton Mifflin.

第 2 章

Brockner, J., &Elkind, M.（1985）. Self-esteem and reactance: Further evidence of attitudinal and motivational consequences. *Journal of Experimental Social Psychology, 21*, 346-361.

遠藤由美（1992）. 個性化された評価基準からの自尊感情再考　遠藤辰雄・井上祥治・蘭千壽（編）　セルフエスティームの心理学——自己価値の探求——（pp. 57-70）　ナカニシヤ出版

Festinger, L.（1954）. A theory of social comparison processes. *Human Relations*, 7, 117-140.

古荘純一（2009）. 日本の子どもの自尊感情はなぜ低いのか　児童精神科医の現場報告　光文社新書

James, W.（1890）. *The principles of psychology*. Cambridge, Masschusetts: Harvard University Press.

加藤隆勝（1977）. 青年期における自己意識の構造　心理学モノグラフ　No. 14　日本心理学会

近藤 卓（2010）. 自尊感情と共有体験の心理学——理論・測定・実践——　金子書房

Moretti, M. M., & Higgins, E. T.（1990）. Relating self-discrepancy to self-esteem: The contribution of discrepancy beyond actual-self ratings. *Journal of Experimental Social Psychology, 26,* 108-123.

日本青少年研究所（2002）．中学生の生活意識に関する調査　日本青少年研究所

Rosenberg, M.（1965）．*Society and adolescent self image.* Princeton: Princeton University Press.

Shamir, B.（1986）．Self-esteem and the psychological impact of unemployment. *Social Psychology Quarterly, 49,* 61-72.

Tsser, A., & Campbell, J.（1982）．A self-evaluation maintenance approach to school behavior. *Educational Psychologist, 17,* 1-12.

Tsser, A., & Campbell, J., & Smith, M.（1984）．Friendship choice and performance: Self-evaluation maintenance in children. *Journal of Personal and Social Psychology, 1,* 184-197.

東京都教職員研修センター（2008）．自尊感情や自己肯定感に関する研究　東京都教職員研修センター紀要，*8,* 3-26.

東京都教職員研修センター（2009）．自尊感情や自己肯定感に関する研究（第2年次）　東京都教職員研修センター紀要，*9,* 3-26.

山口　勧（1990）．自己の姿への評価の段階　中村陽吉（編）「自己過程」の社会心理学（pp. 111-142）東京大学出版会

山本真理子・松井豊・山成由紀子（1982）．認知された自己の諸側面の構造　教育心理学研究，*30,* 64-68.

第3章

Cattel, R. B.（1965）．*The scientific analysis of personality.* Baltimore: Penguin Books.（キャッテル，R. B. 斎藤耕二・安塚俊行・米田弘枝（訳）（1981）．パーソナリティの心理学　金子書房）

Cloninger, C., Svraktic, D., & Przybeck, T.（1993）．A psychobiological model of temperament and character. *Archives of General Psychiatry, 50,* 975-990.

伊沢秀而ほか（1982）．日本版 16PF 人格検査手引　日本文化科学社

Jung, C. G.（1921）．*Psychologische Typen.* Rascher Verlag.（ユング，C. G. 吉村博次（訳）（1974）．心理学的類型　世界の名著続14　ユング：フロム　中央公論社）

木島伸彦（2014）．クロニンジャーのパーソナリティ理論入門　北大路書房

Kretschmer, E.（1955）．*Korperbau und Charakter.*（22. Auflage）Berlin: Springer.（クレッチメル，E. 相場均（訳）（1960）．体格と性格　文光堂）

窪内節子（編著）（1997）．楽しく学ぶこころのワークブック――自己理解とメンタルヘルス――　学術図書出版社

宮城音弥（1960）．性格　岩波新書

宮城音弥（1998）．性格類型論によるパーソナリティの理解　詫摩武俊（編）性格　日本評論社

中島義明・安藤清志・子安増生・坂野雄二・繁枡算男・立花政夫・箱田裕司（編）（1999）．心理学辞典　有斐閣

新里里香・水野正憲・桂戴作・杉田峰康（1989）．交流分析とエゴグラム　チーム医療

引用文献　181

関旬一・中西信男（1981）．信長・秀吉・家康の人間関係　新人物往来社

杉田峰康（1991）．交流分析のすすめ　日本文化科学社

丹野義彦（2003）．性格の心理——ビッグファイブと臨床からみたパーソナリティ——　サイエンス社.

TEG研究会（1991）．TEG（東大式エゴグラム）活用マニュアル・事例集　金子書房

辻平治郎・藤島博・辻斉・夏野良司・向山泰代・山田尚子・森田義宏・秦一士（1997）．パーソナリティの特性論と5因子モデル：特性の概念，構造，および測定　心理学評論，*40*, 239-259.

第4章

Bowlby, J. (1969). *Attachment and loss, Vol. 1, Attachment.* Basic Books. (Revised edition, 1982). (ボウルビィ，J. 黒田実郎・大羽蓁・岡田洋子・黒田聖一（訳）（1991）．母子関係の理論　新版 I　愛着行動　岩崎学術出版)

Bowlby, J. (1973). *Attachment and loss, Vol. 2, Separation.* Basic Books. (ボウルビィ，J. 黒田実郎・岡田洋子・吉田恒子（訳）（1991）．母子関係の理論　新版 II　分離不安　岩崎学術出版)

Bowlby, J. (1980). *Attachment ad loss, Vol. 3, Loss.* Basic Books. (ボウルビィ，J. 黒田実郎・吉田恒子・横浜恵三子（訳）（1991）．母子関係の理論新版 III　対象喪失　岩崎学術出版)

Erikson, E. H. (1982). *The life cycle completed.* W. W. Norton. (エリクソン，E. H. 村瀬孝雄・近藤邦夫（訳）（1989）．アイデンティティ，その完結　みすず書房)

Harlow, H. F. (1958). The nature of love. *American Psychologist, 13,* 673-685.

Marcia, J. E. (1966). Development and validation of ego identity status. *Journal of Personality and Social Psychology, 3,* 551-558.

宗方比佐子・渡辺直登（編）（2002）．キャリア発達の心理学　川島書店

無藤清子（1979）．「自我同一性地位面接」の検討と大学生の自我同一性　教育心理学研究，*27*(3), 178-187.

新村出（編）（2008）．広辞苑　第6版　岩波書店

岡本祐子（2002）．アイデンティティ生涯発達の射程　ミネルヴァ書房

小野田博之（2005）．自分のキャリアを自分で考えるためのワークブック．日本能率協会マネジメントセンター

小野寺敦子（2009）．手にとるように発達心理学がわかる本　かんき出版

第5章

Holmes, T. H., & Rache, R. H. (1967). The social readjustment rating scale. *Journal of Psychosomatic Research, 11,* 213-218.

神村栄一・海老原由香・佐藤健二・戸ヶ崎泰子・坂野雄二（1995）．対処方略三次元モデルの検討と新しい尺度（TAC-24）の作成　筑波大学教育相談研究，*33,* 41-47.

桂戴作（1999）．やさしい心身症（ストレス関連病）の診かた　チーム医療

Lazarus, R. S., & Folkman, S. (1984). *Stress, Appraisal, and Coping*. New York: Springer.（ラザルス，R. S.・フォルクマン，S. 本明寛・春木豊・織田正美（監訳）(1991)．ストレスの心理学　実務教育出版）

内閣府（2009）．第8回　世界青年意識調査（HTML）http://www8.cao.go.jp/youth/kenkyu/worldyouth8/html/mokuji.html#02-7（2018.8.10）

Selye, H. (1936). Syndrome produced by diverse nocuous agents. *Nature, 138*, 32.

Selye, H. (1946). The general adaptation syndrome and the diseases of adaptation. *Journal of Clinical Endocrinology, 6*, 117-231.

嶋信宏（1999）．大学生用日常ストレッサー尺度の検討　中京大学社会学部紀要，*14*, 69-83.

島津明人（2006）．コーピングと健康　小杉正太郎（編）ストレスと健康の心理学（pp. 21-34）　朝倉書店

高比良美詠子（1998）．対人・達成領域別ライフイベント尺度（大学生用）の作成と妥当性の検討　社会心理学研究，*14*, 12-24.

第6章

American Psychiatric Association (2013). *Quick reference to the diagnostic criteria from DSM-5*. Washington, D.C.: American Psychiatric Association.

Arnold, M. (1960). *Emotion and Personality 2 Vols*. New York: Columbia University Press.

Beck, A. T., Emery, G., & Greenberg. R.L. (1985). *Anxiety disorders and phobias: A cognitive perspective*. New York: Basic Books.

Freud, S. (1926). *Inhibitions, symptoms and anxiety*. In the Standard Edition, Vol. 14.

Freud, S. (1895). *On the grounds for detaching a particular syndrome from neurasthenia under the description 'anxiety neurosis.'* In the Standard Edition, Vol. 3

肥田野直・福原眞知子・岩脇三良・曽我祥子・Spielberger, C.D.（2000）．新版STAIマニュアル──State-Trait Anxiety Inventory-Form JYZ──　実務教育出版

井村恒郎（訳）（1970）．制止，症状，不安．フロイト著作集6　人文書院

井村恒郎・加藤正明（訳）（1969）．「不安神経症」という特定症状群を神経衰弱から分離する理由について　改訂版フロイド選集10　日本教文社

奥田健次（2012）．メリットの法則──行動分析学・実践編──　集英社新書

Pavlov, I. P. (1927). *Conditioned Reflexes: An investigation of the physiological activity of the cerebral cortex*. London: Oxford University Press.

Skinner, B. F. (1953). *Science and human behavior*, New York: Macmillan.

Spielberger, C. H. (1966). *Anxiety and Behavior*. New York: Academic Press.

杉山尚子（2005）．行動分析学入門──ヒトの行動の思いがけない理由──　集英社新書

第7章

Abramson, L. Y., Seligman, M. E., & Teasdale, J. D. (1978). Learned helplessness in humans: Critique and reformulation. *Journal of Abnormal Psychology, 87*, 49-74.

引用文献 183

Brown, G. W., & Harris, T. (1978). *Social origin of depression: A study of psychiatric disorder in women*. New York: Free Press.

Coyne, J. C. (1976). Toward an interactional description of depression. *Psychiatry, 39*, 28-40.

Fenigstein, A., Scheier, M. F., & Buss, A. H. (1975). Public and private self-consciousness: Assessment and theory. *Journal of Consulting and Clinical Psychology, 43*, 522-527.

Gray, H. (1918). *Anatomy of the Human Body*. Philadelphia: Lea & Febiger.; Bartleby. com, 2000. www.bartleby.com/107/.

長谷川晃・金築優・根建金男 (2009). 抑うつ的反すうに関するポジティブな信念の確信度と抑うつ的反すう傾向との関連性 パーソナリティ研究, *18*(*1*), 21-34.

Joiner, T. E. Jr., Alfano, M. S., & Metalsky, G. I. (1993). Caught in the crossfire: Depression, self-consistency, self-enhancement, and the response of others. *Journal of Social and Clinical Psychology, 12*, 113-134.

Nolen-Hoeksema, S., & Morrow, J. (1991). A prospective study of depression and posttraumatic stress symptoms after a natural disaster: The 1989 Loma Prieta earthquake. *Journal of Personality and Social Psychology, 61*, 115-121.

Papageorgiou, C., & Wells, A. (2003). An empirical test of a clinical metacognitive model of rumination and depression. *Cognitive Therapy and Research, 27*, 261-273.

杉山崇 (2005). 抑うつと対人関係 坂本真士・丹野義彦・大野裕 (編) 抑うつの臨床心理学 (pp. 117-135) 東京大学出版会

下山晴彦 (編) (2009). よくわかる臨床心理学 改訂版 ミネルヴァ書房

丹野義彦・石垣琢麿・毛利伊吹・佐々木淳・杉山明子 (2015). 臨床心理学 有斐閣

Watkins, E. R. (2008). Constructive and unconstructive repetitive thought. *Psychological Bulletin, 134*, 163-206.

第8章

Aserinsky, E., & Kleitman, N. (1953). Regularly occurring periods of eye motility, and concomitant phenomena during sleep. *Science, 118*, 273-274.

Cooper, R., Osselton, J. W., & Shaw, J. G. (1980). *EEG Technology* (3rd ed.). London: Butterworths.

Fukuda, K., Miyasita, A., Inugami, M., & Ishihara, K. (1987). High prevalence of isolated sleep paralysis: Kanashibari phenomenon in Japan. *Sleep, 10*, 279-286.

堀 忠雄 (1988). 不眠 同朋舎出版

井上昌次郎 (2006). 眠りを科学する 朝倉書店

厚生労働省健康局 (2014). 健康づくりのための睡眠指針 2014 厚生労働省健康局

厚生労働省健康局 (2014). 平成 26 年国民健康・栄養調査報告 厚生労働省健康局がん対策・健康増進課 栄養指導室

Soldatos, C. R., Dikeos, D. G., & Paparrigopoulos. T. J. (2000). Athens Insomnia Scale: Validation of an instrument based on ICD-10 criteria. *Journal of Psychosomatic Research, 48*, 555-560.

第9章

福原員知子・アイビイ, A. E.・アイビイ, M. B.（2004）. マイクロカウンセリングの理論と実践 風間書房

Rogers, C. R. (1980). Empathic: an unappreciated way of being. In C. R. Rogers, *A Way of Being* (pp. 137-163). Boston: Houghton & Mifflin.

第10章

Altimaier, E. M. (1982). Matching stress inoculations' treatment components to client's anxiety mode. *Journal of Counseling Psychology, 29*, 331-334.

Beck, A. T. (1976). *Cognitive therapy and the emotional disorders*. International Universities Press.

Ellis, A. (1957). Rational psychotherapy and individual psychology. *Journal of Individual Psychology, 13*, 38-44.

Hayes, S. C., Strosahl, K. D., & Wilson, K. G. (1999). *Acceptance and commitment therapy: An experiential approach to behavior change*. New York: Guilford Press.

熊野宏昭（2011）. マインドフルネスそしてACTへ 星和書店

Lang, P. J. (1971). The application of psychophysiological methods to the study of psychotherapy and behavior modification. In A. Bergin & S. Garfield (Eds.), *Handbook of psychotherapy and behavior change*. New York: Wiley.

Meichenbaum, D. H. (1977). *Cognitive behavior modification: An integrative approach*. New York: Plenum.

森 治子・長谷川浩一・石隈利紀・嶋田洋徳・坂野雄二（1994）. 不合理な信念測定尺度（JIBT-20）の開発の試み ヒューマンサイエンスリサーチ, *3*, 43-58.

Padesky, C. (1994). Schema change processes in cognitive therapy. *Clinical Psychology and Psychotherapy, 1*, 267-278.

Segal, Z. V., Williams, J. M. G., & Teasdale, J. D. (2002). *Mindfulness-based cognitive therapy for depression: A new approach to preventing relapse*. New York: Guilford Press.

第11章

Altman, I., (1973). Reciprocity of interpersonal exchange. *Journal for the Theory of Social Behavior, 3*, 249-261.

Altman, I., & Taylor, D. A. (1973). *Social penetration: The development of interpersonal relationships*. Oxford: Holt, Reinhart & Winston.

安藤清志（1990）. 自己開示 中村陽吉（編）自己過程の社会心理学（pp. 161-198） 東京大学出版会

荒井崇史・湯川進太郎（2006）. 言語化による怒りの制御 カウンセリング研究, *39*, 1-10.

Cameron, L. D., & Nicholls, G. (1998). Expression of stressful experiences through writing: Effects of a self-regulation manipulation for pessimists and optimists. *Health Psychology, 17*, 84-92.

引用文献　　　　　　　　　　185

Chaikin, A. L., Derlega, V. J., Bayma, B., & Shaw, J. (1975). Neuroticism and disclosure reciprocity. *Journal of Consulting and Clinical Psychology, 43*, 13-19.

榎本博明 (1997).　自己開示の心理学的研究　北大路書房

春口徳雄 (1987).　ロールレタリング（役割交換書簡法）入門——人間関係のこじれを洞察する——　創元社

春口徳雄 (2007).　ロールレタリングの技法とは　現代のエスプリ 482——ロールレタリング（役割交換書簡法）——（pp. 30-42）　至文堂

橋本富子 (2007).　ロールレタリングを導入した悩める母親への支援　現代のエスプリ 482——ロールレタリング（役割交換書簡法）——（pp. 184-185）　至文堂

Jourard, S. M. (1971). *The transparent self.* New York: Van Nostrand Reinhold.（ジュラード, S. M. 岡堂哲雄 (訳) (1974).　透明なる自己　誠信書房）

金築智美・金築 優 (2018).　大学生の怒り変容に及ぼすロールレタリングの即時的効果——想定する他者の違いに着目して——　役割交換書簡法・ロールレタリング研究, *1*, 41-56.

Pennebaker, J. W., & Beall, S. K. (1986). Confronting a traumatic event: Toward an understanding of inhibition and disease. *Journal of Abnormal Psychology, 95*, 274-281.

Pennebaker, J. W., & Graybeal, A. (2001). Patterns of natural language use: Disclosure, personality, and social integration. *Current directions in Psychological Science, 10*, 90-93.

Pennebaker, J. W., Hughes, C. F., & O'Heeron, R. C. (1987). The psychophysiology of confession: Linking inhibitory and psychosomatic processes. *Journal of Personality and Social Psychology, 52*, 781-793.

Pennebaker, J. W., & Susman, J. R. (1988). Disclosure of traumas and psychosomatic processes. *Social Science and Medicine, 26*, 327-332.

Perls, F. S. (1969). *Gestalt therapy verbatim.* Moab, UT: Real People Press.

Petrie, K. J., Fontanilla, I., Thomas, M. G., Booth, R. J., & Pennebaker, J. W. (2004). Effect of written emotional expression on immune function in patients with human immunodeficiency virus infection: a randomized trial. *Psychosomatic Medicine, 66*, 272-275.

佐藤 徳 (2012).　筆記開示はなぜ効くのか——同一体験の継続的な筆記による馴化と認知的再体制化の促進——　感情心理学研究, *19*, 71-80.

Smyth, J. M. (1998). Written emotional expression: Effect sizes, outcome types, and moderating variables. *Journal of Consulting and Clinical Psychology, 66*, 174-184.

Smyth, J. M., Stone, A. A., Hurewitz, A., & Kaell, A. (1999). Effects of writing about stressful experiences on symptom reduction in patients with asthma or rheumatoid arthritis: A randomized trial. *Journal of the American Medical Association, 281*, 1304-1309.

杉田峰康 (監修)・春口徳雄 (著者) (2013).　ロールレタリングの可能性——心の教育・治療から日常の問題解決まで　創元社

吉田論江・大平英樹 (2001).　抑うつ感情開示による認知の歪みの変化　日本心理学会第 65 回大会発表論文集, 504.

第 12 章

相川充（2000）．人づきあいの技術――社会的スキルの心理学――サイエンス社

Ellis, A. (1999). Why rational-emotive therapy to rational emotive behavior therapy? Psychotherapy. *Theory, Researth, Practice and Training, 36*, 154-159.

平木典子（1993）．アサーショントレーニング――さわやかな自己表現のために――　日本・精神技術研究所

Osborn, A. F. (1953/1957). *Applied Imagination: Principles and procedures of creative thinking.* New York: Charles Scribner's Sons.（オズボーン，A. F. 上野一郎（訳）（1982）．独創力を伸ばせ　ダイヤモンド社）

第 13 章

五十嵐透子（2015）．リラクセーション法の理論と実際（第 2 版）医歯薬出版

Jacobson, E. (1929). *Progressive relaxation.* Chicago: University of Chicago Press.

Jonathan, S. A. (2012). *The Stress Less Workbook: simple strategies to relieve pressure, manage commitments, and minimize conflicts.* New York: Guilford Press.（ジョナサン，S. A. 高橋祥友（監訳）（2014）．ストレス軽減ワークブック――認知行動療法理論に基づくストレス緩和自習書　プレッシャーを和らげ，関わりを改善し，葛藤を最小限にする単純な戦略――　金剛出版）

Westbrook, D., Kennerley, H., & Kirk, J. (2011). *An introduction to CBT: skills and applications* (2nd Edition). London: Sage.（ウェストブルック，D.・ケナリー，H.・カーク，J. 下山晴彦（監訳）（2012）．認知行動療法臨床ガイド　金剛出版）

コラム 1

Freud, S. (1914). *On narcissism :An introduction. Standard edition of the complete psychological works of Sigmund Freud*, Vol. 14. London: Hogarth Press.（フロイト，S. 懸田克窮・吉村博次（訳）（1969）．ナルシシズム入門　フロイト著作集 5　人文書院）

Kohut, H. (1971). *The analysis of the self.* New York: International Universities Press.（コフート，H. 水野信義・笠原嘉（監訳）（1994）．自己の分析　みすず書房）

コラム 2

古川竹二（1927）．血液型による気質の研究　心理学研究，*2*, 612-634.

古川竹二（1932）．血液型と気質　三省堂

縄田健悟（2014）．血液型と性格の無関連性――日本と米国の大規模社会調査を用いた実証的論拠――　心理学研究，*85*(2), 148-156.

能見正彦（1971）．血液型でわかる相性――伸ばす相手，こわす相手――　青春出版社

Sakamoto, A., & Yamazaki, K. (2004). Blood-typical personality stereotypes and self-fulfilling prophecy: A natural experiment with time-series data of 1978-1988. In Y. Kashima, Y. Endo, E. S. Kashima, C. Leung, & J. McClure (Eds.), *Progress in Asian Social Psychology*, Vol. 4 (pp. 239-262). Seoul, Korea: Kyoyook-Kwahak-Sa.

コラム 3

遠藤寛子（2009）．怒り経験の筆記が精神的健康に及ぼす影響　感情心理学研究, *17(1)*, 3-11.

Fredrikson, M., & Matthews, K. A. (1990). Cardiovascular response to behavioral stress and hypertension: A meta-Analytic review. *Annals of Behavioral Medicine, 12*, 17-39.

金築智美・金築　優（2016）．ロールレタリングの継続的施行が怒りの長期的変化に及ぼす影響――想定する他者の違いに着目して――　役割交換書簡法・ロールレタリング学会第1回大会発表論文集, 12-15.

大渕憲一・小倉左知男（1984）．怒りの経験（1）――Averill の質問紙による成人と大学生の調査概況――　犯罪心理学研究, *22*, 15-35.

鈴木　平・春木　豊（1998）．怒りと循環器系疾患の関連性の検討　健康心理学研究, *7(1)*, 1-13.

鈴木　平・橋本　通・根建金男・春木　豊（2001）．怒り尺度の標準化――その3――　日本健康心理学会第14回大会発表論文集, 154-155.

コラム 4

林潤一郎（2007）．先延ばし　大野木裕明・二宮克美・宮沢秀次（編）　調査実験 自分でできる心理学（pp. 116-119）　ナカニシヤ出版

Steel, P. (2010). *The Procrastination Equation: How to Stop Putting Things off and Start Getting Stuff Done*. New York: Harper Collins.（スティール, P. 池村千秋（訳）（2012）．ヒトはなぜ先延ばしをしてしまうのか　阪急コミュニケーションズ）

コラム 5

Baumeister, R. F., Campbell, J. D., Krueger, J. I., & Vohs, K. D. (2003). Does high self-esteem cause better performance, interpersonal success, happiness, or healthier lifestyles? *Psychological Science in Public Interest, 4(1)*, 6-44.

金築智美・金築　優（2019）．セルフ・コンパッションに焦点化したロールレタリングが過剰適応に与える心理的効果　役割交換書簡法・ロールレタリング研究, *2*, 49-60.

クリスティーン・ネフ（著）石村郁夫・樫村正美（訳）（2014）．セルフ・コンパッション――あるがままの自分を受け入れる――　金剛出版（Neff, K. D. (2010). *Self-compassion: Stop beating yourself up and leave insecurity behind*. New York: William Morrow.）

コラム 6

會退友美・衛藤久美（2015）．共食行動と健康・栄養状態ならびに食物・栄養素摂取との関連――国内文献データベースとハンドサーチを用いた文献レビュー――　日本健康教育学会誌, *23*, 279-289.

内閣府食育推進室（2009）．大学生の食に関する実態・意識調査報告書

大谷貴美子・中北理映・饗庭照美・康薔薇・冨田圭子・南出隆久（2003）．家庭における食

生活体験や親の関わり方が青年期後期の自己独立性に及ぼす影響　日本食生活学会誌，*14*, 14-27.

索　引

◆数字・アルファベット

3 システムズ・モデル　127
7 因子パーソナリティ理論　41
16PF　40
ABC 図式　129
I メッセージ　157
QOL　166
You メッセージ　158

◆あ　行

愛着（Attachment）　47
愛着理論　46
アイデンティティ　49, 51
アイデンティティ・ステイタス　49, 50
アサーション　155, 157, 158, 163
アサーション権　155
いいかえ技法　119, 123
威光過程　15, 16, 23
一次的評価　68
エクスポージャー法　82
エゴグラム　28, 29, 32, 36
エピジェネシス　47
エリクソン　47, 49
オペラント条件づけ　82, 83, 93

◆か　行

外向的　10
概念化　132
概念把握の段階　134
回避行動　83, 93
かかわり行動　119
活動スケジュール　132

金縛り　103
下方比較　14
過眠　101
感情の反映技法　119, 124
気質　27, 28, 41
気性　28
気晴らし　92
基本的かかわり技法　119
基本的自尊感情　18, 19, 21
逆説性不眠症　102
客体的自己　3, 4
キャッテル　40
急速眼球運動　98
鏡映自己　7
強化　83
共感的理解　117, 118
協同の実証主義　128
具体モード　93
クレッチマー　36-38
クロニンジャー　41
経験主義的姿勢　128
警告反応期　63
原因帰属　90
言語的コミュニケーション　116
嫌子　83
好子　83
公的自己意識　91
行動活性化療法　94
コーピング（対処）　68-72, 74
呼吸法　165, 167, 171
個人－環境適合理論　51
コラム法　132

◆さ 行

サーカディアンリズム　106
再保証の希求　95
先延ばし　110
自己（self）　3
自己一致　117, 118
自己開示　141
自己概念　4-10
自己教示訓練　134, 161
自己効力感　161
自己注目　91
自己認知　20
自己評価　13, 15, 16, 22, 23
自己評価維持モデル　14-16, 23
自尊感情　17, 19-23
質問技法　119, 121
私的自己意識　91
自動思考　131
自分内基準　17, 18
社会的基準　17, 18
社会的自己　3
社会的自尊感情　18, 19, 22
社会的比較　13, 14, 23
社会的比較論　14
弱化　83
習慣的性格　28
主体的自己　3
馴化　147
生涯発達心理学　43, 44
消去　82
条件刺激　81
条件づけ的覚醒　107
条件反応　81
情動焦点型コーピング　69
上方比較　14
書記的方法　145
徐波睡眠期　100
心身症　70

身体の睡眠　99
心理教育　132
心理社会的発達　47
心理社会的危機　48
睡眠時無呼吸症候群　102, 103
睡眠状態誤認　102
睡眠徐波　100
睡眠制限療法　108
睡眠発作　103
睡眠麻痺　103
推論の誤り　131, 132
スキーマ　131, 132
スキル獲得と定着段階　134
ストレス　61, 62, 64, 69, 70
ストレス耐性　62
ストレス反応　62, 68, 72
ストレスフル・ライフイベント　65, 66
ストレス免疫訓練　128
ストレスモデル　67, 68
ストレス要因（ストレッサー）　62-68,
　　70, 72, 74
精神生理性不眠症　101, 102
精神的自己　3, 4
生理・心理・社会モデル　87
セルフ・コンパッション　138
セルフスキーマ　4-6, 10
セルフ・モニタリング　132
セロトニン　89
漸進的筋弛緩法　165, 167, 173
漸成発達　47
前頭前野　88, 89
ソーシャルサポート　91
ソクラテス問答法　129

◆た 行

対象希求性　46
脱中心化　137
脱力発作　103
抽象モード　93

索　引　191

抵抗期　63
デイリーハッスル　65, 66
適応障害性不眠症　101
適用とフォロースルー　134
同一性　49
闘争逃走反応　165
特性論　36, 39, 40
閉ざされた質問　121, 122

◆な　行

内向的　10
ナルコレプシー　103
二次的評価　68
入眠時幻覚　103
認知行動療法　127
認知的再体制化　134, 147
認知的評価　84
認知療法　128
脳の睡眠　100
脳波　97
ノンレム睡眠　99

◆は　行

パーソナリティ　27, 39
はげまし技法　119, 123
発達課題　48, 49
般化　81, 131
反すう　89, 91
汎適応症候群　62, 64
反論　157
比較過程　15, 16, 23
非言語的コミュニケーション　116
筆記開示法　145
ビッグファイブ　41
疲憊期　63
開かれた質問　121, 122
不安の状態－特性理論　84, 85
不合理な信念　129, 157

物質的自己　3
不眠症　101
フリーラン　106
ブレーンストーミング法　161
扁桃体　88, 89
返報性　142
防衛機制　80, 81
ポジティブ・データ・ログ法　132

◆ま　行

マイクロカウンセリング　119
マインドフルネス瞑想法　136
無条件刺激　81
無条件の肯定的配慮　117
無条件反応　81
メタ認知　92
問題解決　160
問題焦点型コーピング　69

◆や　行

薬物療法　107
役割的性格　28
ユング　38
要約技法　119, 123

◆ら　行

理想自己　20
リラクセーションスキル　165, 167, 168
類型論　36, 38
レーズン・エクササイズ　136
レスポンデント条件づけ　81, 83
レム　98
レム睡眠　98
ロールレタリング　145
論駁　157
論駁法　129
論理情動行動療法　128
論理的信念　129

執筆者紹介

金築智美（かねつき ともみ）編者，第8章，第10章，第11章担当
東京電機大学工学部人間科学系列教授。早稲田大学大学院人間科学研究科健康科学専攻博士
課程単位取得後退学。博士（人間科学）。専門領域は臨床心理学（認知行動療法），学生相談。

前田綾子（まえだ あやこ）第1章，第2章担当
東京電機大学千住キャンパス学生相談室カウンセラー。東京大学大学院教育学研究科総合教
育科学専攻教育心理学コース博士課程単位取得後退学。修士（教育学）。専門領域は臨床心
理学，学生相談。

廣田靖子（ひろた やすこ）第3章，第4章担当
マインドセット・デザインズ代表。お茶の水女子大学大学院人間文化研究科博士後期課程単
位取得後退学。修士（社会科学）。専門領域は臨床心理学，発達精神病理学。

矢澤美香子（やざわ みかこ）第5章，第12章担当
武蔵野大学人間科学部人間科学科教授。早稲田大学大学院人間科学研究科人間科学専攻博士
課程単位取得後退学。博士（人間科学）。専門領域は臨床心理学（認知行動療法），産業カウ
ンセリング。

金築　優（かねつき まさる）第6章，第7章担当
法政大学現代福祉学部臨床心理学科教授。早稲田大学大学院人間科学研究科健康科学専攻博
士課程単位取得後退学。博士（人間科学）。専門領域は臨床心理学（認知行動療法，知覚制
御理論）。

林　潤一郎（はやし じゅんいちろう）第9章，第13章担当
成蹊大学経営学部総合経営学科教授。東京大学大学院教育学研究科総合教育科学専攻臨床心
理学コース博士課程単位取得後退学。博士（教育学）。専門領域は臨床心理学（認知行動療
法，学生相談，ストレスマネジメント）。

自己心理学セミナー
　　自己理解に役立つ13章

| 2018年3月20日　第1版第1刷発行 |
| 2023年3月20日　第1版第3刷発行 |

　　　　　　　編著者　金　築　智　美
　　　　　　　発行者　井　村　寿　人

　　　　　　発行所　株式会社　勁　草　書　房
　　112-0005　東京都文京区水道2-1-1　振替　00150-2-175253
　　　　　電話（編集）03-3815-5277／ＦＡＸ 03-3814-6968
　　　　　電話（営業）03-3814-6861／ＦＡＸ 03-3814-6854
　　　　　　　　　　港北メディアサービス・中永製本

Ⓒ KANETSUKI Tomomi　　2018

ISBN978-4-326-25126-1　　Printed in Japan

JCOPY　＜出版者著作権管理機構　委託出版物＞
本書の無断複製は著作権法上での例外を除き禁じられています。
複製される場合は，そのつど事前に，出版者著作権管理機構
（電話 03-5244-5088, FAX 03-5244-5089, e-mail：info@jcopy.or.jp）
の許諾を得てください。

＊落丁本・乱丁本はお取替いたします。
ご感想・お問い合わせは小社ホームページから
お願いいたします。

https://www.keisoshobo.co.jp

子安増生 編著

アカデミックナビ 心理学

2970 円

リチャード・H・スミス 著 澤田匡人 訳

シャーデンフロイデ

2970 円

人の不幸を喜ぶ私たちの闇

森島泰則

なぜ外国語を身につけるのは難しいのか

2750 円

「バイリンガルを科学する」言語心理学

フランソワ・グロジャン 著 西山教行 監訳 石丸・大山・杉山 訳

バイリンガルの世界へようこそ

3300 円

複数の言語を話すということ

デイヴィッド・プレマック 著 橋彌和秀 訳

ギャバガイ！

3190 円

「動物のことば」の先にあるもの

原木万紀子

大学生のためのビジュアルリテラシー入門

2750 円

菅野恵

福祉心理学を学ぶ

2860 円

児童虐待防止と心の支援

幸田達郎

基礎から学ぶ産業・組織心理学

2970 円

アレックス・ラインハート 著 西原史暁 訳

ダメな統計学

2420 円

悲惨なほど完全なる手引書

勁草書房刊

＊表示価格は 2023 年 3 月現在。消費税（10％）を含みます。